Peter Urbansky

SCHWARZGELD GIBT´S NICHT !

2023/2025/2026
Verlag Lauenbrunn, Bielefeld
lauenbrunnltd@gmx.net

Druck: Libri Plureos GmbH,

Friedensallee 273, 22763 Hamburg

ISBN: 978-3-927425-01-9

Umschlag: Viola Kipfmüller

Bibliografische Information der Deutschen Nationalbibliothek:

Die Deutsche Nationalbibliothek verzeichnet diese Publikation in der Deutschen Nationalbibliografie; detail-lierte bibliografische Daten sind im Internet über http://dnb.d-nb.de abrufbar.

INHALT

ZIVILISATION

IST DIE RACHE DES MENSCHEN

AN DER NATUR

DIE FRAGE

Was ist Geld? Die Frage erscheint simpel, geradezu albern. Ist doch ganz einfach: Mit Geld bezahlt man. Ach ja? Aber wieso geht das? Wieso läßt sich jeder X – Beliebige einen Zettel mit einer Zahl drauf andrehen und händigt daraufhin ohne weiteres Wienerschnitzel, Stiefel oder Gebrauchtwagen aus?

Machen Sie den Selbstversuch. Schreiben Sie selbst irgendeine Zahl auf ein kleines Papier, wir wollen nicht gierig sein, - „20" oder „50" sollen reichen. Dann gehen Sie einkaufen.

Das wird so nicht gehen. Selbst wenn Sie für eine Currywurst zum Preis von 2,50 Euro Ihren ganzen, selbst gemalten Zwanziger anbieten, wird nichts aus dem Geschäft. -Na ja klar-, höre ich schon den Einwand, - natürlich geht das nicht!

Wieso nicht? Was ist der Unterschied zwischen dem selbstgemachten Geldschein und dem von der Notenbank? Ist Ihr privater „Geldschein" nicht gut genug? Können Sie das erklären? Vergessen Sie, was Sie bisher darüber gehört oder gelesen haben.

So unglaublich es klingt, in unserer offenen super Informationsgesellschaft existiert praktisch keine korrekte Definition für den Begriff „Geld“. Die üblichen Adressen im Internet liefern entweder alberne Verschwörungstheorien oder Erklärungen auf Kinderbuchniveau. Selbst höchste amtliche Autoritäten schließen sich diesem Unsinn an. Wer da von wem abgeschrieben hat, ist nun nicht mehr festzustellen und auch unwichtig. Falls es Sie also zufällig etwas interessiert, wovon jeden Tag unser bißchen Leben abhängt, bleibt Ihnen tatsächlich erstmal nur dieses Büchlein.

Die erste Überraschung gleich vorweg: Unter bestimmten Voraussetzungen ist Ihr „selbst gemalter Geldschein“ gut genug. Dann gibt es zwischen ihm und dem von der Notenbank praktisch keinen Unterschied mehr. Man kann dann mit ihm nicht nur die Currywurst käuflich erwerben, sondern sogar Immobilien, Ölquellen oder Wählerstimmen.

Derlei Überraschungen werden Sie in dieser kleinen Schrift einige erleben. Und das steht fest: Wenn wir uns plötzlich wieder erinnern, was Geld im Ursprung wirklich ist, wird der Blick auf die Welt nicht mehr derselbe sein, wie jetzt.

FASZINATION GELD

Die absolute Mehrheit der Menschen hat keine fundierte Vorstellung davon, was das sein soll: „Geld". Das ist, wie Mr. Spock sagen würde „faszinierend!" Denn es existiert kein Mensch auf diesem Planeten, der nicht mit Geld zu tun hat. Noch einmal ganz klar: Ausnahmslos kein Mensch! Darauf werden wir später noch kommen. Den intensivsten Druck des Geldes müssen sogar ausgerechnet jene ertragen, die wenig oder fast gar keines besitzen.

Fast ebenso unerträglich ist dieser Druck für alle, die Riesenvermögen besitzen oder verwalten. Ganz gleichgültig ob es sich um Privatpersonen handelt, Konzerne, Banken oder Investoren. Sie sind nervlich genauso aufgerieben und quasi ununterbrochen beschäftigt mit dem Thema Geld, wie der Hungerleider, der im Rinnstein wohnt.

Lediglich irgendwo in der Mitte, zwischen diesen Extremen, gibt es so etwas wie eine Ruhezone. Etwa da, wo die Einkünfte und Ausgaben ungefähr ausgeglichen sind. Präziser gesagt: Dort, wo das Geld nicht allein durch seine bloße Masse unmittelbar zum Handeln zwingt. In dieser „Ruhezone" ist

Geld so alltäglich, daß es schon nicht mehr auffällt. Die meisten Menschen (in unserer westlichen Wertegemeinschaft) leben (lebten?) in dieser Ruhezone und machen sich über „das Geld“ so wenig Gedanken wie über die Luft zum Atmen. Der Vergleich ist seltsam zutreffend. Denn wenn beides knapp wird oder im Überfluß auftritt, geht es ums nackte Überleben. Dann heißt es im schlimmsten Fall: ersticken oder zerplatzen. Und es macht dann keinen Unterschied mehr ob der Junkie im U – Bahn Tunnel jemandem den Schädel zerbricht, um den nächsten Schuß bezahlen zu können oder ob in der Chefetage der Bank die Vorstände sich die Schädel zerbrechen, wie sie das Paket fauler Kredite für 600 Millionen EUR wieder loswerden oder eine „feindliche Übernahme“ abwenden. **Geld zwingt durch seine bloße Masse zum Handeln.** Dies ist ein schönes Sätzchen zum Merken.

Was für einzelne Menschlein gilt, gilt auch für ganze Gesellschaftsordnungen. Und wieder sind es ausgerechnet, („ausgerechnet“ hier tatsächlich im doppelten Sinn...), ...sind es ausgerechnet die Staaten und Gesellschaften, welche sich ideologisch und theatralisch vom Kapitalismus, von der Marktwirtschaft, also vom „Geld“ abwenden, die hoffnungslos vom

Geld abhängen. Eine durchschnittliche, bekennende Marktwirtschaft mag gelegentlich nervös oder keuchend im Netz kapitalistischer Abhängigkeiten zappeln. Aber geldverachtende Systeme, vornehmlich sozialistische oder kommunistische Gesellschaften, sind dem Geld total ausgeliefert. Sehen Sie mal, was aus aus der Sowjetunion und aus China geworden ist! Der eine ist zusammengebrochen, der andere zum Turbokapitalisten mutiert. Eine Wahl gibt es nicht!

Geld steht über allen Ideologien. Es durchdringt sie so einfach wie Gammastrahlen einen Himbeerpudding. Auch die sogenannten „freien Marktwirtschaften" sollten sich nicht einbilden das Heft in der Hand zu haben, nur weil sie sich zu den Gesetzen des Marktes bekennen und ihnen zu folgen versuchen. Ihre Stärke ist zwar der deutlich höhere Lebensstandard, den sie den Menschen bieten. Wie wir aber noch sehen werden, sind es genau genommen nicht die „Staaten", sondern die arbeitenden Menschen selbst, die in Marktwirtschaften den Wohlstand schaffen.

Ein weiteres Sätzchen zum Merken: **Geld steht über allen Ideologien**.

Die Faszination des Geldes treibt mitunter seltsame Blüten. Liebevoll befummeln Sammler alte Banknoten, obwohl sie längst aus dem Verkehr gezogen sind und auch kaum einen materiellen Wert darstellen. Ein kaiserlich-deutscher 1000 Mark Schein bringt heute kaum 50 Cent, trotzdem werden solche Exponate sorgfältig gereinigt, gebügelt und von schützender Folie umhüllt abgeheftet. Nicht nur der Kenner bewundert die kunstvollen Motive und die beziehungsreichen Ausschmückungen alter Banknoten. Mit größter Vorsicht werden die Stücke von ihren Betrachtern wieder in ihre Futterale geschoben.

Eine halbe Stunde später zerrt die selbe Person einen zerknautschten 50 EUR Schein ruppig aus dem Schlüsseltäschchen, um eine Tankfüllung zu bezahlen. Der gültige, „wertvolle“ Hunderter darf auf keine schonende Behandlung hoffen. Wie kommt das? Aktuelle Geldscheine müssen unglaubliche Torturen ertragen, den meisten sieht man es an. Wie ist das möglich? Wo doch von diesen Papierchen Wohl und Wehe seiner Inhaber abhängen. Gibt es dafür einen verborgenen, sozusagen Freudschen Grund? Den gibt es tatsächlich, wie wir am Schluß noch sehen werden.

MEINUNGEN, THEORIEN, URTEILE, HERRSCHAFTSWISSEN

Der Begriff „Geld“ entzieht sich in eingeweihten Kreisen den landläufigen, unterhaltsamen Deutungsversuchen. Er ist so klar definiert, wie Eisen als „Fe“ , im Periodensystem der Elemente. Das ist kein Wunder, denn **„Geld“ ist etwas naturgesetzliches**, wie sich gleich zeigen wird.
Das dürfte eine bittere Überraschung sein für alle, die bisher der Meinung waren, Geld sei eine „Erfindung“. Aber lange Zeit waren die Menschen auch der Meinung, die Erde sei eine Scheibe. Viele glauben das heute noch. Sie möchten es glauben, denn die Scheibe erscheint ihnen sicherer. Man fällt nicht so leicht herunter wie von einer Kugel.
Und es fühlt sich auch irgendwie sicherer an zu glauben, der Mensch, in seiner genialen Allmacht, hätte das Geld einfach „selber gemacht“. Dann könnte er es ja auch wieder abschaffen oder gar kontrollieren.
Jedermann darf dieser Meinung sein. Aber Meinung und Wissen sind nicht das selbe.
Diesen Unterschied machen die meisten Nutzer von Google, Youtube oder Wikipedia kaum noch und bleiben dann auf diesem digitalisiertem Niveau hängen.

Damit kommen wir zu den Theorien. Soweit sie das Geld betreffen, scheinen sie fast ausnahmslos auf „Meinungen“ zu fußen. Selbst Finanzexperten, Ökonomen und gar große Wissenschaftler, wie Max Weber, Milton Friedman oder John Maynard Keynes umschiffen die Wirklichkeit und entwickeln die seltsamsten Vorstellungen über das „Geld“. Ihre Schüler tun das bis heute. Allen gemeinsam ist die Sehnsucht, Kontrolle und Gewalt zu bekommen, über das „Mysterium Geld“ und „Marktwirtschaft“. Diesem Wunsch wird alles andere untergeordnet. Das ist sehr verständlich. Aber die Folge sind verworrene, absurde Theorien und Fehlurteile. Genau genommen gar keine Urteile, sondern wieder nur Meinungen.

Denn zu einer klaren Sachfrage gibt es zwar viele Meinungen, aber nur ganz wenige qualifizierte Urteile. Ausgerechnet das Geld entzieht sich aber einem Urteil durch den Menschen. Es ist in Wirklichkeit selbst als Urteil über den Menschen verhängt!

Er kann es vielleicht erkennen und verstehen, aber niemals abwenden. Der größte Teil der sogenannten und wirklichen Fachleute und Experten betreibt fieberhaft „Wirtschaftswissenschaften“ um diesem Verdikt (unbewußt?) zu entfliehen. Aber das ist aussichtslos. Geld ist eben keine kulturelle oder technische „Erfindung“ des Menschen. Geld ist eine Urgewalt, der wir Menschen von Anfang an ausgeliefert sind. Wieder was zum Merken: **Geld ist nie dem Menschen ausgeliefert, sondern immer der Mensch dem Geld.**

Und um hier keine Mißverständnisse aufkommen zu lassen - dies ist bitte ganz und gar unpolitisch zu verstehen. Ideologien oder irgendwelche ethisch - sozialen Bewertungen interessieren uns nur ganz am Rande dieser Schrift.

Bevor wir nun das Unaussprechliche aussprechen, nämlich was Geld wirklich ist, noch ein paar Worte zum „Herrschaftswissen“.

Um es gleich zu sagen, „Herrschaftswissen“ ist ein Begriff für politisch motivierte Phrasendrescher. Sicher gibt es spezielles Wissen, das sich nur ein paar Fachleute teilen. Ein guter Wirtschaftsjurist muß nicht unbedingt wissen, wie und wann man Kartoffeln pflanzt. Im Notfall kann der Mensch allerdings auf eine hochkarätige Rechtsberatung verzichten, nicht aber auf Kartoffeln.

Die Vorstellung, daß hinter verschlossenen Türen verschworene Eliten geheimes Wissen verborgen halten, von dem Macht und Herrschaft abhängen, ist was für unterhaltsame Kinoabende. Die sogenannte Corona „Pandemie“ ist der aktuellste Beweis. Besseres Wissen, Logik, ja nicht einmal die persönliche Erfahrung, haben nicht verhindern können, daß Millionen „mündige Bürger“ in einen geradezu vormodernen Abgrund von irrationaler Furcht und Feigheit gestürzt sind. Spätestens Mitte 2020 konnte jeder „wissen“(sapere aude!), daß die Maßnahmen der Regierungen nicht nur völlig kontraproduktiv waren, sondern auch lächerlich und zu tiefst demütigend. Symbol für die Nutzlosigkeit des „Wissens“ bleibt für immer der Mundschutz. Manche tragen diesen Maulkorb lebenslang.

Das ist nicht so schlimm. Gerade auch beim Geld nicht. Es gibt auch viele gut gekleidete, sportliche Herren, besonders Damen, die mit sicherer Hand im offenen Wagen die Strandpromenade entlang rasen, ohne einen Schimmer davon zu haben, was sich vor ihnen unter der Motorhaube abspielt. Das müssen die auch nicht „wissen“. Selbst wenn die flotte Karosse mal rauchend am Straßenrand steht, kann man immer noch den Experten rufen.

Sie können höchst erfolgreich an Marktwirtschaft und Geldverkehr teilnehmen, ohne zu wissen, was das sein soll - „Geld“. Auch wenn Sie hoffnungslos bankrott sind, können Sie sich im wahrsten Sinne des Wortes nichts dafür kaufen, wenn Sie es wissen. Natürlich könnten Sie einen Experten zu Rate ziehen, aber meist ist es dann zu spät oder der Experte ist eine Null oder ein Verbrecher. Letzteres ist übrigens kein Nachteil, wenn der Verbrecher auf Ihrer Seite steht.

Die Antwort auf die Frage: Was ist Geld?, betrifft uns scheinbar nicht. Sie hat keinen Einfluß auf unser Leben. Scheinbar. Aber seien Sie dessen eingedenk: Ein paar Haifische im Becken wissen sehr genau, was Geld ist und warum sein Einfluß auf unser Leben fundamental ist.

„Das sind die Typen, welche die Gesetze des Geldes machen und die Macht ausüben...“, ist eine beliebte aber fatal verkehrte Formel für Schwätzer auf Parteitagen, TV-Dokumentationen oder in Esoterik-Zirkeln. Vergessen Sie das bitte ganz schnell.

Diese Leute sind nicht mächtig und erfolgreich, **weil sie die Gesetze** des Geldes **machen, sondern weil sie** diese erkannt haben und **sich ihnen unterwerfen**. Die Gesetze waren vorher da. Sie sind unabänderlich!

Wer sie ändern will (wie wir heute) - ist verloren.

JETZT ABER: WAS IST GELD ?

Geld ist gleich Schulden. Nicht nur im plumpen Sinn von „Schulden haben", z. B. bei der Bank oder bei Verwandten oder im Sinn von Staatsschulden. Das sind nur die Folgen am Ende einer langen Kette. Darauf kommen wir später noch zu sprechen.

Sondern im Sinn der ultimativen Frage des Marc Aurel: „Was ist es in sich selbst?"

Und **Geld ist in sich selbst: Schuld!** In der Urbedeutung des Wortes und natürlich zunächst buchhalterisch. Aber, wie wir alle wissen, unter Umständen auch rechtlich!
Geldscheine sehen nicht nur aus wie Schuldscheine, sie funktionieren auch genau so. Der Wert ist aufgedruckt, wir finden das Datum der Ausstellung und der Aussteller selbst bekennt sich durch Unterschrift zur Einlösung der ausgewiesenen Schuld. Auf alten Banknoten findet sich noch das feierliche Versprechen: „Hundert Mark zahlt die Reichsbankhauptkasse Berlin ohne Legitimationsprüfung dem Einlieferer dieser Banknote". Wenn auf Banknoten die Zahlung in Silber oder Gold zugesagt ist, handelt es sich um „Silberdollar" oder „Goldmark". Besonders zu beachten ist der Hinweis „... ohne Legitimationsprüfung". Das heißt, jeder X – Beliebige, der wie auch

immer in Besitz der Banknote gekommen ist, hat Anspruch auf Einlösung der Schuld. Damit handelt es sich bei Geldscheinen also um „Inhaberschuldverschreibungen". Daß jeder Inhaber sie verwenden kann, macht die Banknote, genau gesagt, die Schuld, umlauffähig.

Also, öffnen Sie ihre Geldbörse, nehmen Sie die Scheine in die Hand. Was da zwischen ihren Fingern knistert sind Schulden. **Jeder Geldschein**, 20er, 50er, 100er, **ist** nichts weiter als **eine Leistungszusage. Ein Versprechen**, daß auf Vorlage des Papiers der Wert einlösbar ist. Kaufmännisch gesprochen, eine Forderung.

Das gilt auch für alle Kontoguthaben. Das dort vielleicht 50.000EUR im „Haben" stehen ändert nichts daran, daß diese 50.000EUR lediglich eine Zusage darstellen, auf die Sie sich als Inhaber verlassen sollen. Es sind 50.000EUR Schulden, die Sie nur an die Bank weitergereicht haben. Mehr nicht.

Wenn die Bank pleite geht, das soll schon mal vorgekommen sein, wird sich schmerzhaft zeigen, was das bedeutet. Die 50.000, die Ihre Bank schuldet, sind (für Sie) verloren. Dann bleiben Ihnen nur noch die Banknoten, deren Inhaber Sie noch selbst sind. Das Bargeld unter der Matratze.

Falls es Ihnen, umgekehrt, gelungen sein sollte, die Bank zu überreden, Ihnen 50.000EUR zu leihen, handelt es sich um 50.000EUR Schulden, welche die Bank ihrerseits an Sie weitergereicht hat. Die stehen auf Ihrem Konto zwar in roten Zahlen, im „Soll“, was Sie aber nicht daran hindert, das Geld munter auszugeben. Also die Schulden schon wieder weiterzugeben. Ihre sogenannten Guthaben, sind immer nur die tatsächlichen Schulden eines anderen und Ihre Schulden, sogenannte Guthaben eines anderen.

Falls Sie nun überrascht oder gar enttäuscht sein sollten, kann ich leider nur sagen, das ist schon alles: **Geld = Schulden**. Diese Formel steht so fest wie Einsteins $E=mc^2$. Eigentlich noch fester.

Wieso serviert Ihnen jeder Wirt auf Vorlage eines Geldscheines die Schweinshaxe und das Bier? Weil er Sie für seriös, glaubwürdig, solide oder sympathisch hält? Jeder Gauner, Kinderschänder, ja sogar jeder Spitzenpolitiker erhält die Haxe gegen Geldschein.

Sie persönlich sind dabei *zunächst* völlig unwichtig. Wichtig ist allein der Aussteller des Geldscheins, der Schuldverschreibung. Der sind aber nicht Sie, sondern in diesem Fall die Europäische Zentralbank (EZB), einst Brüssel, jetzt Frankfurt. Solange der Wirt oder jeder andere Dienstleister oder Produzent dem Schuldner, Europäische Zentralbank, vertraut, wird er gegen dessen Geld- (Schuld)scheine Leistung bringen.

Wenn Sie also kaufen, verschanzen Sie sich jedes Mal hinter der Leistungszusage eines Dritten. Nämlich der ausstellenden Notenbank. Jede offiziell ausgegebene Banknote wird im Geschäftsbericht der Notenbank im „Soll" gebucht. Als Verbindlichkeit. Bei der EZB sind das rund 29 Milliarden Geldscheine, den aufgedruckten Wert noch gar nicht berücksichtigt (Stand 11/2022). Also, als ein Riesenhaufen Schulden!

Immerhin, solange die Notenbank die Gewähr (... daher „Währung") für die Einlösung ihrer Schuld bietet oder glaubhaft machen kann, ist es angenehmer deren Schuldverschreibungen zu besitzen, als diese anderen liefern zu müssen. Verständlicher ausgedrückt: Leistungszusagen zu besitzen („haben") ist viel komfortabler, als anderen Leistungen zu schulden („Soll"). Schulden bleiben es aber in jedem Fall.

Na, - wenn die Notenbank den Kopf hinhalten muß, bin ich ja fein raus, – denken Sie? Ein tragischer Irrtum, wie wir später noch sehen werden.

Es wird Ihnen nicht schmecken, daß Sie Ihr ganzes Leben lang nur für einen Haufen Schulden gearbeitet haben sollen. Aber so ist es nun mal. Es war nie anders. Niemals.

Bleibt die Frage: „Wo kommen diese Schulden denn her? Wer hat damit angefangen?" Halten Sie sich fest: Mutter Natur!

DIE URSCHULD

Das hat hier nichts mit Religion oder Sünde zu tun. Obwohl, na - mal abwarten.

Die Urschuld ist in der Welt, sobald ein kleines Menschlein geboren wird. Das hat vor allem zwei unerschütterliche Ursachen: 1. Die Uhr tickt unerbittlich. 2. Das Menschlein will am Leben bleiben.

Ich empfehle den Selbstversuch zum Beweis. Setzen Sie sich reglos auf Ihr Sofa. Sparen Sie Kraft, atmen Sie langsam und ruhig. Trotzdem werden Sie nach einigen Stunden Appetit bekommen. Nach einigen Tagen wird zehrender Hunger daraus. Ein paar Wochen später sind Sie tot. Um dies zu vermeiden, verschafft sich der Mensch Fleischgänge mit Gemüsebeilage und Bier. Um da dran zu kommen, muß er arbeiten. Er muß etwas aufwenden, in Vorleistung treten. In diese unentrinnbare Systematik der Urschuld wird der Mensch hineingeboren. Sie ist keine Erfindung von bösen Grundherren oder Kapitalisten.
In archaischen Zeiten war dieses System sehr übersichtlich. Wenn der Hunger einsetzt (der Schuldendruck!), geht der Mann in den Wald, erschlägt einen Auerochsen, brät die Steaks und wärmt sich mit dessen Fell.

Manche halten das für eine Idylle. Daran ist nichts idyllisches. Denn der Vorgang der Jagd, der körperliche Einsatz und die damit verbundene Gefahr *selbst* von einem Säbelzahntiger gejagt zu werden, ist kaufmännisch gesehen eine Investition mit ungewissem Ausgang. Wenn es nicht so läuft, sitzt man keuchend im Wald, ohne Fleischgang, nur mit ein paar Löwenzahnblättern und dem nackten Leben.
Aber allein durch den Ablauf der Zeit nehmen die Schulden (der Hunger) weiter zu. Genau hier begegnen wir wieder einem Satz aus dem Kapitel „Faszination Geld": **Geld zwingt durch seine bloße Masse zum Handeln.**

Noch schlimmer wird es, wenn unser Männlein im Walde statt auf einen Ochsen oder Säbelzahntiger auf eine freundliche Dame trifft. Wenn die zu freundlich ist, darf unser Kollege kurze Zeit später für eine fünfköpfige Familie sorgen. Und nun sind wir schon tief drin, im Schuldensystem oder eben im „Geld-System"!

Sie werden gleich verblüfft feststellen, daß Geld keine Banknoten oder Münzen voraussetzt, sondern umgekehrt: Banknoten oder Münzen setzen Geld (also Schulden) voraus! Bitte auch gleich merken.

Unsere vorgeschichtliche Musterfamilie lebt natürlich nicht allein und spätestens wenn sie sich seßhaft macht, mit vielen Stammesbrüdern (ja, ja, und Schwestern, d*...), beginnt das Kreditgeschäft.

Wer ernten will muß säen. Aber was tun, wenn die Kartoffeln alle aufgefuttert sind? Womit füttern wir die Familie und die Ziege? Kein Problem! Dafür pflegt der Mensch bis heute das, was wir den arbeitsteiligen Markt oder schlicht Marktwirtschaft nennen. Allerdings - Markt ohne Schulden (also Geld) gibt´s nicht!

Der Fall prähistorische Saat/Kartoffeln: Irgend jemand hat immer Überschüsse. In dessen Schuppen stehen also sackweise Kartoffeln herum. So viel, daß er sie verkaufen kann. Unser kleinbäuerlicher Mustervater geht also hin und bittet um eine Portion aus diesem Sack. Das gewährt der Sackhalter gern. Aber immerhin hat er für all diese Säcke arbeiten, also in Vorleistung treten müssen. Er muß also eine Gegenleistung fordern (kaufmännisch: eine Forderung). Die kann Vati, also der Kreditnehmer (!) womöglich nicht sofort erbringen.

Und nun, - Achtung! - kommen wir zum Geld: **Er macht die Zusage**, zu einem bestimmten Termin **eine Leistung zu erbringen**, die beiden angemessen erscheint.

Das ist des Pudels Kern: **Diese Zusage**, nicht etwa die Leistung selbst, - **ist Geld**. Die Zusage verpflichtet den Kreditnehmer termingerecht zu leisten. Was auch immer. Er hat jetzt Schulden. In früheren Zeiten konnte diese Schuld schon durch Handschlag besiegelt werden (... unter Viehhändlern zum Teil heute noch...). Später wurden diese Zusagen gern schriftlich fixiert. Damit sind wir schon beim Schuldschein. Beim Geldschein.

Böse, böse Zinsen?

Bei der Gelegenheit, müssen wir gleich das Problem der „Zinsen" beleuchten. Zinsen mögen wir nicht so richtig. Ideologen und Fanatiker hassen Zinsen wie verrückt. Die Nazis faselten von Zinsknechtschaft, die Sozialisten und Kommunisten tun es heute noch. Sie alle haben selbst prächtig von Zinsen gelebt und ihren Parteigenossen noch eine ganz andere Knechtschaft zugemutet, als bloß die der Zinsen. Mittlerweile kursieren im Internet die aufregendsten Verschwörungstheorien zur Zinssklaverei. Vergessen Sie´s.

Denn leider: **Geld ohne Zinsen gibt´s nicht**. Bitte auch merken. Wir reden hier nicht von kriminellen Auswüchsen, wie Wucherzinsen und Zinseszinsen, das sind die modernen, unausrottbaren Folgen unangemessener menschlicher Einmischung in natürliche Abläufe. Denn Zins ist etwas „natürliches“!

Kommen wir vorerst auf den Sack Kartoffelsetzlinge zurück, den Vati gerade nach Hause geschleppt hat.

Seine zugesagte Leistung wird den aktuellen Wert dieser Portion übersteigen müssen. Denn leisten kann er an den Sackhalter erst in einem halben Jahr, wenn aus der Saat Früchte geworden sind. In dieser Zeit muß aber eben dieser Sackhalter auch selbst leben. Essen, Kleidung, Werkzeug, Vieh unterhalten. Dabei ist er den selben Risiken ausgesetzt wie alle Menschen. Mißernte, Krankheit, Schlägereien mit dem Nachbarstamm u.s.w. . Darüber hinaus hat er sogar noch etwas von seiner Substanz abgegeben. Die Setzlinge nämlich. Diese Aufwendungen, wieder alles Vorleistungen, wird er für die Laufzeit des Kredites, auf den Nettosack verliehenen Saatgutes aufschlagen. Er fordert also eine Leistung, die dem vereinbarten Nettowert des Saatgutes entspricht – **plus etwas mehr. Das sind die Zinsen**.

Jeder vernünftige Schuldner, unser Vati auch, wird das akzeptieren. Wer selbst einmal in die Lage gekommen ist etwas zu verleihen, also Kredit zu gewähren, kennt die Bedingungen und zahlt. Er zahlt seine Schulden zurück, plus Zinsen. Bis heute gilt der eiserne Satz: **Zinsen sind der Preis für Geld (also für Schulden)**.

Mit den Zinsen wird aber noch sehr viel mehr abgegolten als nur der Aufwand des Kreditgebers. Nämlich auch das ungeheure Wunder der Zeit zu entfliehen. „Zeit ist Geld", schwadronieren viele Geschäftsleute. Damit weisen sie gelegentlich darauf hin, jetzt mal etwas flotter zu machen, weil sie in Eile sind. Die eigentliche Bedeutung des Wortes ist jedoch noch eine andere.

Auch der durchschnittliche Gutverdiener kann unmöglich mal gerade 300.000EUR für das Eigenheim auf den Tisch legen. Er müßte seine Familie billig einmieten und 40 Jahre sparen, wenn er Wohneigentum schaffen will. Das ist ein ganzes Arbeitsleben. In 40 Jahren kann viel passieren. Mit etwas Pech fällt der Hauptverdiener schon nach 13 Jahren aus.

Das Geld ist der Ausweg. Genau gesagt, Schulden (Kredite) sind der Ausweg. Sie ermöglichen mehr als eine Generation vorzugreifen und sofort Eigentümer zu werden. Der Kredit wird über 20 oder 30 Jahre abgetragen, also getilgt.

Zusätzlich **Zinsen. Die sind auch der Preis dafür, etwas grundsätzlich Unmögliches sofort möglich zu machen.** Nämlich sofort als Eigentümer im Grundbuch zu stehen. Daran ändert auch die Tatsache nichts, daß dort noch die Grundschuld der Bank vermerkt ist. Das ist die wesentliche Bedeutung von: **Zeit ist Geld**.

Geld - Schulden - Leistung

Zurück zu unserem antiken Mustervati und seinen Kartoffeln. Auch er hat der Zeit durch Kreditkauf vorgegriffen. Zahlungsziel ist hier der Zeitraum bis zur Ernte. Ein Zeitraum, in dem er sonst schwerlich hätte überleben können.

Auf die gleiche Weise kann er sich auch Grünzeug für seine Ziege verschaffen, die wir hier nicht vergessen wollen. Dem Lieferanten kann er sogar ein sehr kurzes Zahlungsziel anbieten: Nämlich „sofort", falls der mit Ziegenmilch einverstanden ist.

Es wird noch besser. Mal angenommen, der Lieferant für Grünzeug ist selber verschuldet und augenblicklich nicht so flüssig. Er kann nun seine Option auf die Ziegenmilch an seinen Gläubiger weiterreichen, wenn dem die Milch flüssig genug ist. Der könnte an seiner statt die Milch direkt abholen, oder jede andere Leistung, die unser Mustervati mit dem Grünzeug - Lieferanten vereinbart hat. Damit wird aus diesen Schuldverhältnissen „umlauffähiges Geld"!

An dieser Stelle wird es auch höchste Zeit, auf eine Kleinigkeit aufmerksam zu machen. Vermissen Sie denn gar nichts? Wirklich nichts? Münzen! Geldscheine!

Saatkartoffeln, Grünzeug und Ziegenmilch haben den Besitzer gewechselt - ganz ohne Münzen oder Scheine. Die sind auch völlig überflüssig. Ich hatte es weiter oben schon angesprochen: **Daß Geld keine Banknoten oder Münzen voraussetzt! Es ist genau umgekehrt: Banknoten oder Münzen setzen Geld (also Schulden) voraus!**
Die Schuldverhältnisse selbst sind das Geld. Münzen und Scheine sind nur die Platzhalter dafür. Der erste wichtige Durchbruch ist, sich wieder zu erinnern: **Münzen und Scheine mögen eine Erfindung des Menschen sein, aber nicht das Geld**, also das Schuldverhältnis. Es war immer da. Von Anfang an!

„Geld haben" bedeutet eben nicht einfach Münzen oder Scheine in der Tasche zu haben, sondern Forderungen realisieren zu können.

Erinnern Sie sich an mein allererstes Beispiel? Die Currywurst für 2 Euro 50? Die Frage war: Wieso kann man nicht selbst einfach eine Zahl auf ein Blättchen schreiben und damit bezahlen? Man kann es! Wenn der Würstchenbrater Sie kennt und Ihnen glaubt (glauben = lat. credere bzw. Credit) gibt´s Currywurst gegen selbstgemachten Zettel (Schuldschein). Vielleicht sogar ganz ohne, auf Treu und Glauben.
Damit wird jetzt auch klar, warum kein Mensch auf diesem Planeten existiert, der nichts mit Geld zu tun hat. Das war keine kühne Behauptung, sondern eine nüchterne Feststellung. Dieses Schicksal setzt ein mit der Geburt. Bis heute. Natürlich zahlt der Säugling seine Schulden noch nicht persönlich ab. Er reicht sie weiter an die Eltern. Das ändert aber nichts am Geldsystem. Die Schulden sind da, egal wer dafür aufkommt.
Das alles hätte man schon vor über 90 Jahren bei Oswald Spengler nachlesen können oder vor rund 30 Jahren bei Professor Otto Steiger oder volkstümlicher formuliert bei Paul C. Martin. Es kümmert offensichtlich niemanden.

Manch gestresster Zeitgenosse träumt von einem Leben ohne Geld auf einer einsamen Insel auf der alles wächst. Diese „Naturfreunde“ halten Geld für eine Erfindung der Zivilisation und beneiden die Naturvölker um ihr friedliches Leben im Einklang mit dem Ökosystem. Aber selbst im tiefsten Busch gibt es keinen Frieden, wenn die Schulden nicht getilgt werden und es gibt nicht den geringsten Einklang mit dem Ökosystem.

Tatsache und Lebenswirklichkeit ist, der Mensch lebte von Anfang an nicht mit der Natur, sondern gegen sie. Sie versucht ihn umzubringen. Jeden Tag. Sie hungert ihn aus, in der dürren Steppe, sie röstet ihn zu Tode in Wüstengebieten, frostet ihn zu Tode in der öden, eisgrauen Tundra, sie ersäuft ihn, beim Versuch Fische zu fangen, klatscht ihn im Orkan an die Felsen und dörrt ihn aus, wenn der Regen ausbleibt. Sie zwingt ihm die Urschuld auf. Gnadenlos!

Der einzige Ausweg: Arbeit, Leistung, Aufwand. Der Wald will den Menschen umbringen? Okay, wir holzen ihn ab, schmeißen ihn in den Ofen, verspeisen die Hirsche und bauen einen schönen, großen Flughafen drauf. Sobald aber die Arbeit los geht, ob mitten im Urwald, in der Fabrik oder im Büro, sind Schuldverhältnisse da. Ist das Geld da. **„Die Zivilisation ist die Rache des Menschen an der Natur!"**

Und jetzt wird es wirklich wichtig! Was sich da abspielt, das Erbringen von Leistungen für Ansprüche auf Schuldverhältnisse, nennt man Verkaufen oder Kaufen! Und nicht „Tauschen“. Gleichgültig ob beim Abholzen des Waldes, dem Jagen der Hirsche oder wie in unserem Beispiel zwischen dem prähistorischen Mustervati und dem Kartoffelsackhalter und seinem Lieferanten für Ziegenfutter. **In Handel, Wirtschaft, auf dem Markt und im Geldverkehr gibt es keinen Tausch!** Es hat ihn dort nie gegeben. Bitte merken. Mehr dazu im Kapitel „IRRTÜMER“.

Vorher noch ein paar Worte zu „Geld und Religion“. Tja, ganz ohne den Lieben Gott oder wem das besser gefällt, ganz ohne die Götter geht es doch nicht.

Die Urschuld ist für uns Menschen so unentrinnbar, daß ihr von Anbeginn an etwas gewaltiges, höheres, göttliches beigemessen wird. Indem Stämme und Völker ihr bloßes Leben erhalten, von den Scherereien mit Nachbarstämmen jetzt einmal abgesehen, setzen sie im Wortsinn (und buchhalterisch!) eben dieses Leben ein. Sowohl als Einzelpersonen, wie auch als Gesellschaft. Sie opfern sich. Das Opfern steht bekanntlich im Mittelpunkt der meisten Religionen. Es ist die feierlich überhöhte Symbolik für den täglichen Kampf um das Dasein. Wer außer seinem eigenen, kleinen Leben noch mehr opfert, Familie, Vermögen und das Leben seiner Gefolgsleute, gilt selbst fast schon als heilig. Faustregel: Die „Heiligkeit" steigt proportional mit der Anzahl der Opfer und der Geopferten. Nicht zufällig sind antike Stammesführer oder Könige gleichzeitig auch Religionsführer oder haben den direkten Draht zur Priesterschaft. Und nicht zufällig lagert der „Staatsschatz" im Heiligtum, im Tempel.

Was dort schwer bewacht, hinter zyklopischen Mauern ruht, das machen Sie sich bitte klar, sind gesammelte, gestapelte Schuldverhältnisse. Egal ob es sich um Getreide, Gold oder Kultgegenstände handelt. Und zwar allseits anerkannte Schuldverhältnisse. Sie sind innerhalb der Wertegemeinschaft „umlauffähig". Geistig und körperlich!

Es scheint uns heute absurd, daß ganze Völker im Altertum vor der Priesterschaft im Staube krochen und ihre Könige als Götter anbeteten. Die waren aber nur Platzhalter für etwas wirklich Ewiges. Das, was eigentlich göttlich verehrt wurde: Die unsterbliche Urschuld. Nichts verkörpert dieses schicksalhafte Schuldverhältnis besser, als ein Tempel, randvoll mit

Schätzen. Häufig identifizieren sich die „Gläubigen“ auch mit diesen Reichtümern, selbst wenn sie Zuhause nur ein dürres Zicklein in der Garage stehen haben. Kein Wunder, denn ein winziger Teil des Tempelschatzes wurde auch dem ärmsten Gläubigen vorher als Steuern (Opfer) abgeknöpft. Es ist also auch ein Stück Selbstbestätigung und Unsterblichkeit, welche die Gemeinde beim Beten zelebriert.

Ebenfalls nicht zufällig wählten die Bankhäuser, besonders die Notenbanken der Neuzeit, eben diese religiös befrachtete Tempelarchitektur. Und auch der heutige, kleine Malocher bewundert diese Monumente totaler Macht und fühlt sich einem reichen Volke zugehörig, obwohl er nur einen klapprigen Kleinwagen in der Garage stehen hat. Na ja, und woran glaubt der? An die Währung! den „Tempelschatz“! Wie sein Kollege im Altertum.

Das sind historisch, ja sogar naturgeschichtlich gewachsene „Ökosysteme“, derentwegen sich Geld, Macht und Glaube einfach nicht trennen lassen. Auf die heiligen Stätten der Gegenwart, die Banken, kommen wir später noch zu sprechen.

Zuvor gehen wir wieder in den Sinkflug über und verlassen die höheren Regionen der „Metaphysik“ des Geldes, um wieder auf dem harten Boden anderer Tatsachen zu landen.

IRRTÜMER

Derer sind so viele, daß wir uns hier auf die verbreitetsten und peinlichsten beschränken müssen. Es reicht schon, in das Hirnersatzsystem - Google „Geld“ einzugeben, schon öffnet sich ein ganzer Zirkus von Erklärungen, Definitionen, sogenannten Wahrheiten und Begriffsverwirrungen. „Tauschmittel“, „Zwischentauschmittel“, „Recheneinheit“, „Aktie der Volkswirtschaft“ oder „Wertbestimmungsmittel“ sind etwa die gängigsten. Sogar der gute, alte Brockhaus liefert so hilflose Allgemeinplätze wie „Zahlungsmittel“ oder „Vergütung“ und landet dann gar wieder bei der „Tauschwirtschaft“.

Irrtum - „Tauschmittel“

Damit sind wir beim zähesten und zugleich folgenschwersten Irrtum: Dem Unsinn vom Tauschen. Noch einmal: **In Handel, Wirtschaft, auf dem Markt und im Geldverkehr gab und gibt es keinen Tausch!**

Da wird nur gekauft und verkauft, kreditiert und geleistet. Dieser Unterschied ist die Wiege des Verstehens oder Mißverstehens von Geld. Selbst der Gottvater der Wirtschaftswissenschaften, Mr. Adam Smith, kapituliert vor dem Phänomen „Geld“. In seinem Kapitel „Ursprung und Gebrauch des Geldes“, räumt er zwischen den Zeilen seine Hilflosigkeit sogar ein: „So lebt eigentlich jeder vom Tausch..." Etwas weiter wird seine Unsicherheit offensichtlich. „In den Anfängen der Arbeitsteilung muß der Tausch häufig noch sehr schleppend und stockend vor sich gegangen sein..." Tja, nicht nur schleppend und stockend, Herr Smith. Überhaupt nicht. Tausch hat auf dem Markt nie stattgefunden.

Man spürt beim Lesen förmlich, wie erleichtert Smith ist, sich endlich dem „Gebrauch des Geldes" zuwenden zu können, nachdem er zum Ursprung nichts brauchbares beitragen konnte.

Tauschen tun Kinder im Sandkasten oder Sammler auf ihren Tauschbörsen.

Die entscheidenden Merkmale des Tauschens sind:

1. Die Freiwilligkeit!

2. Die völlige Abwesenheit einer klaren Leistungszusage.

3. Keine leistungsorientierte (kalkulierte) Preisfindung.

4. Keine Beleihbarkeit der Tauschgüter.

Also der Reihe nach. 1.Die Freiwilligkeit:
Sie können gern eine alte Trompete gegen eine Nähmaschine tauschen. Müssen Sie aber nicht. Vielleicht gefällt Ihnen plötzlich die alte Messinglampe besser als die Nähmaschine, dann nehmen Sie eben die. Vielleicht stellen Sie beim Schlendern über den „Tauschtrödel" auch fest, daß Sie Ihre Trompete für dieses Zeug doch nicht hergeben möchten. Dann eben nicht. Dann warten Sie eben die nächste Tauschgelegenheit ab, nächste Woche, nächstes Jahr, völlig egal. Es hängt nichts davon ab, außer Ihrem Wunsch nach etwas Spaß. Getauscht wird aus Leidenschaft, Gelegenheit, Laune oder nur so aus Scheiß. Briefmarken, Förmchen, Aufziehroboter, ganz egal.
Springen wir jetzt zurück, zu unserem prähistorischen Mustervati, der Setzkartoffeln und Grünzeug für seine Ziege gekauft hatte.
In fast allen landläufigen Geldtheorien „lernt" man: Vati hat Saatgut gegen Feldfrüchte und Grünzeug gegen Ziegenmilch getauscht.
Das ist falsch! Vati wirtschaftet. Er kauft und leistet. Es geht um seine Existenz und um die der Familie. Er kann weder den Zeitpunkt des Schuldendienstes bestimmen, noch über den Umfang der Leistung ohne seinen Handelspartner entscheiden. Er kann erst recht nicht auf das „Geschäft" ganz verzichten. Das wäre

sein physisches Ende und das seiner Lieben. Wenn es mit diesem Händler nicht geht, muß er zum nächsten gehen. Das gilt auch für eben diesen Händler. Der „tauscht" nicht zum Spaß seine Überschüsse ein. Sondern er erhält seinen Hof und bestreitet seinen Aufwand mit den Zinsen, die er aus seinen Geschäften erwirtschaftet. Wie das abläuft, haben wir ja weiter oben schon gesehen. Jeder Teilnehmer am Markt muß seine Schulden erwirtschaften, plus Überschuß (Zinsen), um am Leben zu bleiben. Der „Tauscher" muß gar nichts. Er muß nur verschwinden, aus den Wirtschafts- und Geldtheorien.

2. Der Tauscher macht keine Leistungszusage! Das wäre auch unmöglich, denn es besteht keinerlei Schuldverhältnis. Es gibt nichts, was einklagbar wäre. Wenn Sie für Ihre Fußballbilder einen Stapel „St. Pauli Nachrichten" eingetauscht haben, ist die Nummer gelaufen. Kein Gericht der Welt wird Ihre Ansprüche unterstützen, wenn bei einigen Heften die Seiten verklebt sind. Sie können nur hoffen, sich mit dem Tauschpartner zu einigen. Es gibt nicht mal einen Vertrag.

Geldverkehr hingegen steht unter dem Schutz des Gesetzes. Die Leistungen sind zugesagt. Saatkorn gegen Feldfrüchte oder Grünzeug

gegen Ziegenmilch oder Arbeit. Das ist ein Vertrag. Und bei Verletzungen dieses Vertrages kommt es zum öffentlichen Rechtsstreit. Ganz gleichgültig ob vor 10.000 Jahren der Dorfälteste oder heute der Vorsitzende am Handelsgericht die Verhandlung führt.
So langsam läßt sich wohl das ganze Ausmaß vom Unsinn einer „Tauschwirtschaft" ahnen. Aber es geht noch weiter.

3. Beim Tauschen gibt es keine Marktpreise. Es gibt nicht mal etwas, das die Bezeichnung Preis überhaupt verdient. Wie auch? Ohne Leistungszusage und Schuldverhältnis fehlt jede Grundlage zur Preisfindung. So eine Bewertung könnte sich nur aus einer Gewinn- und Verlustrechnung ergeben. Für den prähistorischen Mustervati und seinen Saatkartoffel-Lieferanten ist das eine unverzichtbare und schnell gelöste Rechenaufgabe.
Für Tauschpartner existiert das Problem überhaupt nicht. Weil sie an keinem wirklichen „Markt" oder „Handel" teilnehmen. Tauscher treffen ihre Entscheidungen nicht mit dem Kopf oder Rechner, sondern mit dem Darm. Vergessen Sie´s.

4. Tauschgut ist nicht beleihbar. Platt gesagt, man kann sich nix dafür kaufen. Und zwar

„Kaufen“ im wirklichen Sinn des Wortes, den wir nun kennen. Es wäre vielleicht etwas überzogen zu behaupten, daß Tauschen sich nur auf Gerümpel bezieht, aber nach marktwirtschaftlichem Maßstab paßt das schon sehr genau. Wer versucht mit seinem „Tauschplunder“ Geschäfte abzusichern, erntet in der Regel nur ein mitleidiges Lächeln. Vornehmlich wegen der unter 2. und 3. genannten Gründe. Ausnahmen sind selten. Eigentlich gibt es keine.
Was Sie vielleicht für eine Ausnahme halten, ist in Wahrheit schon kein Tauschen mehr.
Nehmen wir z. B. eine Kunstgalerie. Wenn dort, sagen wir mal, ein prächtiger Gainsborough gegen ein Kleinmöbel von Salvador Dali „getauscht“ wird, dann ist das - leider auch kein Tausch. Die Exponate sind verdammt teuer. Das ist aber interessanter Weise nicht mal der Hauptgrund. Der Knackpunkt ist die Buchführung. Die Werte, die da den Besitzer wechseln, sind erfaßt. Sie werden gelöscht, wenn das Bild die Galerie verläßt, und als Zugang zum Marktwert gebucht, wenn die Dali - Kommode geliefert wird. Als Einnahme oder Verlust. Bei aller Liebe zur Kunst handelt es sich hier auch um ein knallhartes Geschäft. Um Kunsthandel.

Dasselbe gilt auch für sogenannte Kompensationsgeschäfte. Unter Wikipedia finden wir da wieder den irrigen Begriff „Tauschgeschäft". Vergessen Sie´s.
Wenn Röhren gegen Erdgas geliefert werden oder Bananen gegen Schützenpanzer, dann wird auf beiden Seiten gebucht. Es handelt sich um einen Kaufakt - wie bei unserem Mustervati und seinen Saatkartoffeln, vor 10.000 Jahren. Nur ins Gigantische gesteigert. Das Saatgut ist so beleihbar wie die Röhren, die Leistungszusage beleihbar wie die Bananen. Von Tausch keine Spur. Voraussetzung ist bei den Handelspartnern das Eigentum an Gut oder Geld. Zum Eigentum gibt es dann noch ein extra Kapitel.

Soviel zum „Tauschen". Man kann freundliche Blicke tauschen oder Argumente oder Breitseiten, aber im Zusammenhang mit Geld, seiner Geschichte, Gegenwart und Zukunft gibt´s keinen Tausch. Vergessen Sie´s.

Irrtum - „Recheneinheit“

Ein weiterer, wirklich beliebter Irrtum, ist der vom Geld als „Recheneinheit“. Der interessierte Schüler findet bei YouTube „Fabian den Goldschmied“. Die Macher dieses „Lerncomics“ schämen sich nicht, ihrem Machwerk eine pathetische Präambel voranzustellen. Da steht tatsächlich: „Der folgende Film zeigt die tatsächliche Entwicklung unseres Geldes - sowie den Fehler im Geldsystem.“ Sehr mutig. Und als würde das noch nicht reichen: „...eventuelle Ähnlichkeiten mit tatsächlichen Begebenheiten und Personen sind weder zufällig noch unbeabsichtigt.“
Keine Bange. Es gibt keinerlei Ähnlichkeiten mit „... tatsächlichen Begebenheiten...“. In den ersten paar Minuten der Vorstellung reiht sich ein dümmlicher Fehler an den Nächsten. Die Story ist so flach, wie sie falsch ist. Fabian ist ein geltungssüchtiger, machthungriger Goldschmied, der das „Geld erfindet“, um seine Gemeindemitglieder in die Zinsknechtschaft zu zwingen. Kommentar überflüssig...

Einer seiner Trümpfe, das Geld einzuführen, ist ein angebliches Problem des Marktes. Zitat aus dem Comic - Video: „...welchen Wert hatte ein Messer? Sollte es mit einem oder zwei

Körben Mais bezahlt werden? War eine Kuh mehr wert als ein Leiterwagen? Wo war der Maßstab?“ Der fiese Fabian hat natürlich die Lösung. „Geld“!
Unsinn! Das Problem der Schulden - Bewertung hat so nie existiert. Geld als Recheneinheit zur Preisfindung ist ein wirklich kindischer Unfug. Die Handelnden haben seit jeher eine sehr klare Wertvorstellung von dem, was sie produzieren oder was sie bereit sind als Schuldendienst zu leisten. Münzen sind dafür völlig unnötig. Sie stehen - wie immer - erst am Ende der Schuldenkette, wenn Werte und Preise längst feststehen!
In Meyers Lexikon - Geschichte lesen wir, daß Geld das „gemeinsame Maß ist, in dem alle Güter gemessen werden“. Dumm für die Schüler und Studenten, daß es genau umgekehrt ist: **Die Leistungen, Güter und Schuldendienste legen den Geldwert fest**.

Obendrein warfen Münzen, in frühkapitalistischen Zeiten, erst mal Probleme auf, statt sie zu lösen. Für den Ottonormalkonsumenten, z.B. unseren Mustervati, waren Münzen etwas vom Mond. Es war ihm unmöglich den Gold- oder Silbergehalt zuverlässig zu prüfen. Diesen „Münzfuß“ festzustellen, erledigte vielleicht der Geldwechsler in der nächsten Stadt, aber gegen Gebühr. Denn Münzfüße gab es verwirrend viele. Das war für lange Zeit sehr suspekt und obendrein kompliziert und zu teuer für „kleine Leute". Sicherer und schneller ging es, den Kauf mit einer handfesten Leistung abzuschließen. Saatkartoffeln gegen Feldarbeit, Grünzeug gegen Ziegenmilch. Sogar dem Handschlag oder der schriftlichen Zusage auf eine klar definierte Leistung wurde vorerst der Vorzug gegen die Münze gegeben. Der „Schuldschein", also der Geldschein, war vor der Münze da. Denn nicht irgendwelche Münzen entscheiden über die Preise, sondern allein die Produzenten und Handelspartner. Niemand sonst. So war es vor 10.000 Jahren, so ist es noch heute. Warum Münzen später eine besondere Bedeutung bekommen, hat gänzlich andere Ursachen. Sie sind erstaunlicherweise weniger kaufmännisch, als man vermuten würde. Darauf kommen wir noch.

Also, Münzen oder die „Erfindung des Geldes" als Recheneinheit zur Bewertung von Gütern sind einfach unnötig, überflüssig, Unsinn. Vergessen Sie´s

Irrtum - Geld wird einfach „gemacht" und verteilt.

Der fiese Fabian, hat aber noch ganz andere Knaller drauf. Er fabriziert jetzt also Goldstücke und verleiht sie seiner Gemeinde gegen Zinsen. Zitat Fabian: „...je mehr Taler ihr von mir bekommt, um so mehr müßt ihr nach Ablauf eines Jahres zurückzahlen...".
Die Macher dieses Comics haben leider nicht mal verstanden, wer hier wem etwas zurückzahlen muß. Wenn Fabian die Währung ausgibt (also das Geld „erfindet"), ist er die „Notenbank". Die ist aber nicht Gläubiger, sondern Schuldner (!) der Bargeldbesitzer. Für die ganz Schlichten stand es früher sogar auf der Banknote drauf, wie wir nachlesen konnten. Fabian jedoch präsentiert der Gemeinde einfach Goldstücke, die er gegen fiese Zinsen verleiht. Woher er das Gold hat? Fehlanzeige! Keine Antwort. Es ist eben einfach da. Vorleistung, Finanzierung und Besicherung sind in diesem Kinder - Comic völlig unbekannt. Nichts verstanden vom Banken - oder Geldsystem. Schon gar nichts vom tatsächlichen Geld-Begriff.
Wer ist so naiv? - fragt man sich doch automatisch. Der Urheber ist aber gar kein Dummkopf, sondern der freundliche Philanthrop

Larry Hannigan. Sein Text, auf dem das naive Geld–Märchen basiert, heißt „Gib mir die Welt plus 5%", und ist rund vierzig Jahre alt. So sympathisch sich der Titel anhört - zu lernen gibt es da nichts. Der Vorspann, „...die tatsächliche Entwicklung unseres Geldes...", ist eine Süßspeise aus der Küche giftgrüner Traumtänzer, von ganz links oder rechts außen.
Der Produzent des Fabian–Filmchens, Michael Kent, gibt sich die Ehre, eine Botschaft des Meisters ins Netz zu stellen. Da lesen wir amüsiert, Hannigan wolle: „...die einfache Mathematik und Realität des Bankensystems erklären. Der Umstand, dass Zinsen auf etwas erhoben werden, das nicht existiert, verunmöglicht die Rückzahlung und verschafft jenen, die das Geld kreieren, große Macht über jedermann..."
Wo Zinsen herkommen und warum wer wem was zurückzahlen muß lernen die nie - Kommentar überflüssig. Damit brauchen Sie sich auch nicht weiter mit Fabian Hannigans Version vom „Fehler im Geldsystem" beschäftigen. Vergessen Sie´s.
Na schön, sagen Sie. Als verantwortungsvolle Eltern gehen Sie bei „Geld" also auf Nummer sicher. Vielleicht auf „Wissen.de"? Lieber nicht. Hier werden fast alle Fehler und Miß-

verständnisse, die schon Fabian verbreitet hat, wiederholt. Vergessen Sie´s!
Na dann eben noch sicherer! Deutsche Bundesbank! Sie hat ein „Schülerbuch" herausgegeben, Titel: „Geld und Geldpolitik". Gleich zu Anfang, unter dem vielversprechenden Kapitel „Begriff und Aufgaben des Geldes" steht da: „Ohne Geld gäbe es eine Tauschwirtschaft." Dieser unerträglich dumme Satz ist optisch auch noch hervorgehoben. Es folgen so schreckliche Sätze wie: „Geld ist in erster Linie ein Tauschmittel, das den Austausch von Gütern vereinfacht." Dieser ungenießbare Quark wird noch garniert mit einer albernen Grafik vom „Geld- und Güterkreislauf".
Dr. Jens Weidmann, bei Drucklegung Präsident der Bundesbank, schämt sich nicht, seinen Namen unter dieses Zeug zu setzen. Seine Nachfolger werden das auch tun. Eine höhere, amtliche Instanz gibt es leider nicht. Diese „Werke" lagern zu tausenden in Fach- und Schulbibliotheken und man kann nur dankbar sein, daß sich die Schüler in solchen „Unterrichtseinheiten" mit Popcorn bewerfen oder mit dem neuen Smartphone spielen.

Früher war auch nicht alles besser. Im „Rowohlt Jugendlexikon Wirtschaft", von 1975, lernten wir damals: „...Erst durch das Geld wurde der Tauschvorgang in Kauf und Verkauf getrennt und außerdem ein brauchbarer Wertmaßstab geschaffen." Für diesen Satz zeichnete Herr Horst Günter verantwortlich, immerhin ein Professor für Volkswirtschaft, der sich schlecht darauf hinausreden kann, nur Comic - Strips zu produzieren. Der Mann ist in bester Gesellschaft mit weltberühmten Kollegen wie Friedman, Keynes, Hayek, Adam Smith, Karl Marx und natürlich all ihren Schülern und den Schülern dieser Schüler.

Irrtum - „ Geldmenge".

Damit verlassen wir die Niederungen der Volksirrtümer zum Geld und betreten den „wirtschaftswissenschaftlichen Olymp". Keine Panik, dies wird kein nervenzermürbender Exkurs durch die wichtigsten Wirtschaftstheorien. Nicht, weil ich vermeiden möchte Sie zu Tode zu langweilen, der Grund ist total verblüffend:

Alle wichtigen Theorien zu Wirtschaft und Nationalökonomie können nämlich mit „Geld" nichts anfangen. Es wird nur am Rande und sehr widerwillig erwähnt. Es stört irgendwie.

Es taucht in den bekannten Theorien auf wie eine Kakerlake auf dem Wiener Schnitzel und genau so wird es auch behandelt. Es gibt keinerlei Erklärung, woher es eigentlich gekommen ist. Dem wird auch nicht weiter nachgegangen, statt dessen wird irgendwie dran vorbei laviert. Konservative, neoliberale Theorien verbitten sich jegliche staatliche Einmischung in die Geld–Politik. Für die Linken hingegen ist das Geld die Wurzel allen Übels, weil die fetten, widerlichen Heuschrecken da draufsitzen und die sogenannte Macht ausüben, deshalb fordern Sie die totale staatliche Kontrolle des „Geldes".

Das Geld ist bei allen aber immer schon da. Wie es aber in die Welt gelangt ist, erklärt weder der reaktionär - libertäre Marktwirtschaftler, noch der rotgrüne Kapitalismusverflucher. Daß alle ihre Theorien zum „Mysterium Wirtschaft" immer nur Theorien bleiben müssen, hängt nicht nur damit zusammen, daß sie allesamt politische Interessen mit Forschung verwechseln. Es liegt vor allem daran, daß sie „Geld" für ein beherrschbares, von Menschen gemachtes Element halten. Sie möchten gern beweisen, daß alle Wirtschaftsgrößen, Parameter, Rahmenbedingungen und Marktfaktoren nur richtig kombiniert werden müssen, um „Marktwirtschaft" endgültig erklären und steuern zu können. Während sie angestrengt über Waren- und Güterströme, Konsum,

Nachfrage und „Circulation" des Wirtschaftskreislaufes grübeln, entgeht ihnen gänzlich, daß Geld kein verschiebbares Element in diesem System ist. Hier liegt der Ursprung vom Irrtum der „Geldmenge". Da wird seit Jahrzehnten in gelehrten Büchern von „M1", „M2" und „M3" doziert. Das ist aber nur der untaugliche Versuch die Masse von Münzen, Scheinen, Guthaben und Giralvermögen zu einer Manövriermasse zu machen. Die wirkliche Geldmenge läßt sich aber nicht so einfach erfassen und schon gar nicht manövrieren. **Geld läßt sich nicht drucken! Nur Banknoten oder Kontoauszüge!** Schuldverhältnisse sind der Ursprung von allem! Am Anfang steht das Wort und die Leistung (Oswald Spengler). Erst dann kommen die Banknoten, Münzen oder Guthaben. Daran läßt sich (ohne fatale Folgen) nicht drehen. Von keiner Notenbank und auch von keinem Wirtschafts- oder Finanzminister.

Das mag natürlich niemand hören. Das klingt für hochdotierte Wissenschaftler höchst bedrohlich. Die Ursache der Erkenntnisverweigerung liegt bei vielen „Fachleuten" noch tiefer. Witzigerweise beim „Geld" selbst. Wenn „renommierte" Wirtschaftsinstitute, Ratingagenturen, Marktforschungskanzleien und Volkswirtschaftsfakultäten zugeben würden,

daß ihre Erkenntnis- und Eingriffsmöglichkeiten in das „Problem Wirtschaft“ bemitleidenswert mickrig sind, würden Beratungs- und Forschungsaufträge entzogen. Da geht es aber um Millionen (in „Geld“ und Wählerstimmen), auf die keiner verzichten will.
Wir haben es tatsächlich in der Gegenwart mit einem Phänomen aus dem Mittelalter zu tun. Irre Lehren und Dogmen werden zäh verteidigt. Der Macht und der Geschäfte wegen. Und genau wie im Mittelalter sind die Tatsachen durchaus nicht geheim. Sie waren vor 1000 Jahren einigen Eingeweihten bekannt so wie heute einigen Auftraggebern von „Forschung“ und „Rating“. Aber das Geschäft geht vor. Also bleibt die Erde eine Scheibe.
Sie glauben, wir leben in einer säkularisierten Informationsgesellschaft, in der die Vernunft vorherrscht? Schauen Sie sich die CO2 Debatte an und die grölenden Horden auf den Friday for Future Demos! Wir stürzen zurück in präwissenschaftliche, vormoderne Zeiten, die von Religionsfanatikern wie der „heiligen Greta“ beherrscht werden.
Was das Geld betrifft, sind die großen Wirtschaftspropheten, ihre Institute und Fakultäten an die Stelle der früheren Priesterschaft vorgerückt. Sie haben mit keiner Vorhersage oder Theorie jemals großartig recht behalten.

Aber die Gemeinde glaubt an sie und bezahlt teuer dafür. Je schlimmer die Lage ist, um so verzweifelter wird geglaubt um so mehr wird bezahlt. Eine seltsame Übereinstimmung mit der Religion, oder?
Denken Sie daran, wenn Sie sich mal über streng gläubige Katholiken, Juden oder Moslems lustig machen möchten, aber für „bare Münze“ nehmen, was Ihnen in Dokumentationen und Wirtschaftsmagazinen präsentiert wird.
Wie schwer es selbst prominenten Wissenschaftlern fällt die Wirklichkeit, selbst sehenden Auges zu erkennen, möchte ich mal an dem von mir geschätzten Milton Friedman vorführen. Der berühmte Verfechter eines liberalen Kapitalismus kommt in seinem Kapitel „Eine Warenwährung“ der Natur des Geldes schon unheimlich nahe. In seinem historischen Exkurs steht da: „Wenn die Leute statt Geld (er meint hier Waren!) auch Papier annehmen, auf dem gedruckt steht - Ich verspreche so und so viele Einheiten der Warenwährung zu zahlen - dann können diese Papiere die gleiche Funktion ausüben wie Gold oder Silberstücke.“ Genau so funktionierte Geld von Anfang an und im Prinzip bis heute. Aber dann macht er einen kleinen Fehler. Er reduziert die Geldmenge auf die Menge von Wa-

ren, so wie sie heute auf Münzen Scheine und Guthaben verkürzt wird. Es gibt aber keine derartige „Geldmenge". Es sind allein die besicherten Schuldverhältnisse (Zusagen/Versprechen) die die Geldmenge ausmachen. Aber diese Schuldverhältnisse interessieren Friedman überhaupt nur als Möglichkeit zum Abbau von „natürlichen Ressourcen", die ihn irgendwie stören, die aber in seiner Theorie als „Warenwährung" unentbehrlich sind. Die Bedeutung der „natürlichen Ressourcen" entsteht aber überhaupt erst ***nach*** der Leistungszusage, durch das Schuldverhältnis!
Eine Warenwährung hält Friedman für nicht anwendbar. Seine verblüffende Begründung: „Ihr Mythos und Glaube existierten nicht mehr". Ach was? Geld hat nichts mythologisches! Es fußt auf dem ewigen Gesetz von Schuld und Leistung. Ist schon komisch - nachdem er erkannt hat, daß die Erde doch eine Kugel ist, wendet er sich wieder dem Problem zu, weiter am Geländer für die Scheibe herum zu werkeln.

Das sind schon Irrtümer auf besonderem Niveau. Ähnlich einer fiktiven Forschungsgruppe, die sich voll in das mystische Rätsel reinkniet, wieso wohl die Angaben in der Fernsehzeitung immer so genau mit dem übereinstimmen, was gesendet wird? Eigentlich wollen diese „Forscher“ gar nicht wissen, daß das Fernsehprogramm schon vorher da war. Denn dann würden die „Experten“ ja einen lukrativen Auftrag verlieren und hätten gar keinen Einfluß mehr, auf die fertige Fernsehzeitung...

Irrtum – „Wirtschaftskreislauf“

Für Karl Marx, beispielsweise, „cirkuliert“ alles irgendwie. Er ist der Urheber des modernen Waren-, Güter- und Geldkreislaufes, den wir auch aus der lustigen Grafik der Bundesbank, vom Wegsehen, kennen.
Karl Marx wird auch von konservativen Wirtschaftsexperten, Bankiers und Unternehmern hoch geschätzt. Zu recht. Er hat erstmals das Phänomen der modernen, industriellen Arbeitswelt auf dem Seziertisch in seine wesentlichen Bestandteile zerlegt. Nur das Geld stört ihn dabei. Für Marx ist es ein „Zirkulationsmittel“, das den Wirtschaftskreislauf irgendwie in Gang hält. Was gar nicht mal völlig falsch ist. Aber auf der bösen Seite sitzen für ihn die gierigen Kapitalisten. Sie plündern die bedauernswerten Arbeiter aus. Die einen sind stinkreich und besitzen die Produktionsmittel, die anderen haben leider nur ihre Arbeitskraft. Es dürfte wohl klar sein, wer von beiden Par-

teien die heimischen Tresore voller Geld hat. Nur wie es da hingekommen ist, will Karl Marx einfach nicht verraten. Wieso nicht? Er hat, wie bis heute seine Schüler, keine Vorstellung. In seinem Standardwerk, „Das Kapital", finden wir einen kleinen, verräterischen Satz: „Die Natur produziert nicht auf der einen Seite Geld- oder Warenbesitzer und auf der andren bloße Besitzer der eignen Arbeitskräfte. Dies Verhältnis ist kein naturgeschichtliches und ebensowenig ein gesellschaftliches, das allen Geschichtsperioden gemein wäre."
Dieser fatale Beobachtungsfehler ist die Eizelle des „Cirkulations - Irrtums". Dieses Bild, vom Kreislauf der Wirtschaft, hat sich hoffnungslos in die ökonomischen Theorien eingefressen. Es erweckt den Eindruck, als würde sich alles im Kreis bewegen und - wie im Kinderkarussell - immer wieder an der selben Stelle vorbeiflitzen. Marx wollte beweisen, daß die Tour mit diesem Karussell über den Klassenkampf automatisch zum Kommunismus führt. Die Geschichte hat mittlerweile bewiesen, daß es nirgendwo hin führt, wenn man sich nur im Kreise dreht.
Heutige Wirtschaftsforscher und Politiker haben das Karussell-Modell einfach übernommen. Das ist so absurd, als würde man behaupten, der ganze Straßenverkehr sei nur ein

„Kreislauf". Dann gäbe es keine Interessen und Ziele und gar keinen Grund sich überhaupt ins Auto zu setzen. Aber sogar die Marx-Kritiker glauben das. Sie fummeln etwas daran herum und fügen einiges hinzu, wie Geldmengen, Nachfrage, Gütermengen oder Produktionsfaktoren. Das Ganze erinnert ein wenig an die seltsamen Konstruktionen, die frühe Astronomen vom Universum zusammenbastelten. Da wird die Sonne abends runtergekurbelt, der Mond mit der Stange weitergeschoben, Dusche und Ventilator sorgen für Wind und Regen. Ein schönes Bild. Vergessen Sie´s.

Es gibt keinen Kreislauf. Es sieht auch nur so aus, als würde die Sonne morgens tropfnaß aus dem Meer auftauchen. Wenn sich in der Wirtschaft überhaupt etwas dreht, dann nur um diese Schuldverhältnisse herum. Also um das Geld. Niemals dreht sich das Geld da irgendwie mit. So, als würde es wie eine Zutat in eine Teig-Knetmaschine geworfen. **Das Geld (die Schuld) ist die Knetmaschine!** Alle Varianten der „Kreislauf-Theorie" taugen nur für Parteiprogramme, rotgrüne Wirtschaftsmodelle oder Kinderbücher.

Marktwirtschaft läuft nicht im Kreis, sondern folgt einer Linie.

So lange es gut läuft, beschreibt diese Linie eine Kurve, sanft aufwärts.
Damit sind wir beim schlimmsten Menetekel menschlichen Daseins angekommen. Dem Wachstum. Es hängt untrennbar mit dem Geld zusammen und hat, so leid es mir tut, im Kapitel „Irrtümer" nichts verloren. Da gehört eher das ***„sogenannte*** Wachstum" hin, von dem die Politiker gern faseln. Die Vorstellung vom unbegrenzten Wachstum, als Garant für ewigen und sogar wachsenden Wohlstand, ist so naiv wie der Kinderwunsch, es möge jeden Tag Weihnachtsbescherung sein. Aber das ist ein fataler Irrtum, auf den ich später noch zu sprechen komme.

Irrtum - „Geld ist eine Ware"

Geld ist keine Ware! Ein ungeheurer Unfug, fast schon eine Lehrer-Idee. Zu glauben, daß Geld wie eine Ware hergestellt und verteilt wird. Es muß eine Lehrer - Idee sein, denn wo finden wir den folgenden Spruch?: „Durch die Kredite sowohl an Unternehmen, Staaten und auch an Privatpersonen wird Geld selbst zur Ware. Einfach gesagt: Bäckereien handeln mit Brot, Banken handeln mit Geld." Das ist die folgerichtige Fortsetzung des Unsinns von der „Geldmenge". Wir finden ihn auch auf der

Webseite der Bundeszentrale für politische Bildung.

Geld wird nicht „produziert". Nur Scheine und Münzen werden produziert. Das nicht verstanden zu haben, hat uns alle in die gegenwärtigen Abgründe von Schulden und Währungskrisen gerissen.

Kredite ausgeben bedeutet ein Schuldverhältnis weiterzureichen bzw. auf sich zu nehmen. Dann erst kommen Waren oder andere Leistungen ins laufende Geschäft. Leider trägt die ungeheure Verwahrlosung in der Sprache (und Arbeitspraxis) der Geschäftsbanken nicht gerade dazu bei, diesen Zusammenhang zu erkennen. Es scheint fast beabsichtigt. Denn allerorten hört man neuerdings nur noch von „Finanzprodukten". Ein seriöser Bankier hätte sich vor nicht mal einem Menschenalter eine derartige Verbalinjurie verbeten.

Die Folgen sind bitter. Der durchschnittlich begabte Bankkunde wird nicht mehr wie früher von einem „Bankbeamten" beraten, sondern von einem Verkäufer für „Finanzprodukte" zugelabert. Er bildet sich dann tatsächlich ein, daß da so etwas wie ein Produkt, eine Ware, angeboten wird.

In Wirklichkeit sollen hier nur fein ausgetüftelte Schuldverhältnisse übertragen werden. Wie das enden kann, zeigte die Katastrophe der vielen überschuldeten Bankkunden in den USA, die aus ihren Immobilien geworfen worden sind. Das tolle Produkt, die angebliche „Ware", die sie gekauft haben, heißt „Subprime Kredit". Solche Kredite schwatzt man ultraklammen Schuldnern auf. Die Zinsen sind so hoch, wie die Aussicht auf Tilgung niedrig ist. Sie alle leben jetzt in Turnhallen oder auf der Straße. **Niemand von ihnen hat ein Produkt, eine Ware, sondern ein fatales Schuldverhältnis erstanden.**

Bleiben wir gleich bei diesem Beispiel. Ein paar Etagen höher, bei den Banken, wurden die gesammelten Kreditverträge dieser Unglücksmenschen zu gewaltigen Paketen geschnürt. Auf der Verpackung steht natürlich der gezeichnete Kreditwert und der super Zinssatz. Diese paarhundert Millionen schweren Geldbomben liegen dann als vielversprechend, leuchtend rote Äpfel auf dem internationalen Finanzmarkt herum. Es wurde kräftig zugegriffen. Die Folgen sind bekannt, interessieren uns hier aber nur am Rande. Wichtig ist zu verstehen, daß es sich eben nicht um Produkte oder Waren wie Äpfel handelt. Es sind gigantische Schuldverschreibungen, für die in diesem speziellen Fall keine Leistung zu erwarten war. So lange sich jemand findet, solche Schulden anzuerkennen, so lange kann

„Geld verdient“ werden. Bis die Kette abreißt, also kein Schuldendienst mehr stattfindet. Wer früh genug aus dieser Todeskolonne aussteigt, das heißt, seine Schuldansprüche wandelt, in Bargeld, Aktien, Häuser oder Schmuck, ist der Gewinner. Ich möchte mir hier jede moralische Beurteilung versagen.

Jedenfalls stehen Waren (im Idealfall), mit mehr oder weniger Verzögerung, am Ende solcher Geldgeschäfte oder begleiten sie. „Geldgeschäfte“ aber sind und bleiben letztlich immer Geschäfte mit Schulden. Natürlich kann man versuchen Geld wie eine Ware zu behandeln, man kann ja auch mit einer Gabel Suppe essen. Aber **Geld ist keine Ware**!

Hängen Sie den Spruch der Bundeszentrale für politische Bildung auf den Abtritt. Vergessen Sie´s.

Irrtum – „Geld = Münzen/Scheine"

Das hatten wir schon weiter oben. **Scheine und Münzen verhalten sich zum Geld, wie die Fahne zum Wind. Sie machen augenblicklich etwas sichtbar, das auch ohne sie schon da war.**

Jetzt wird es Zeit mal vorzuführen, wie Marktwirtschaft im großen Stil ganz ohne Münzen funktioniert. Diese brillante Vorstellung haben vor über 2500 Jahren z. B. auch die Phönizier gegeben. Von Karthago aus beherrschten sie als die ersten internationalen Großunternehmer den Mittelmeerraum. Der phönizische Kaufmann war bereits in der Antike symbolhaftes Sinnbild für schrankenlosen Freihandel. Seine Heimat war kein Gottkönigtum, sondern eine Adelsrepublik. Im Parlament saßen ausschließlich Kaufleute, Fabrikanten oder Grundbesitzer. Es wird Sie vielleicht etwas erschrecken, daß diese Sitte bis heute von allen wichtigen Großmächten weiter gepflegt wird. Außer von Deutschland. Wir haben ja gesehen, wohin das führen kann und jetzt wieder führt.

Die alten Karthager also unterhielten eine starke Handelsflotte und verschifften wirklich alles, was sich zu Geld machen ließ. Olivenöl, Weizen, Tuche, Töpferwaren, Sklaven, Wein,

Klüngelkram aus Glas und (wie heute China) auch Ramsch jeder Art.
Die Abwicklung der Geschäfte erfolgte genau wie bei unserem Mustervati. Sie erinnern sich noch an die Portion Setzkartoffeln? Genau so, nur ins Monumentale gesteigert. Es sind antike Aufzeichnungen erhalten. Der bekannte Altertumsforscher Gilbert Charles Picard hat darüber ausführlich geforscht. Die Zahlen sind beeindruckend.
Was uns aber hier interessiert ist, daß Karthago erst sehr spät begann Münzen zu prägen. Im 4. Jahrhundert v.Chr. Da waren die Phönizier aber bereits seit Jahrhunderten dick im Geschäft!
Der unglaubliche Reichtum des phönizischen Kaufmanns (sein Geld) bestand nun aber nicht etwa aus riesigen Lagerhallen, wo Ochsen, Rüben, Weinfässer und Sklaven lagerten. Das Zeug würde ihm verderben und obendrein noch hohe Lagerkosten verursachen.
An genau diesen Punkt setzen die „Experten" immer die tolle Erfindung der Münzen. Weil das ja alles so schön einfach macht. Erinnern Sie sich an Larry Hannigan! Dem Kaufmann im Altertum erschien es aber noch viel einfacher und auch sicherer „Optionsscheine" zu halten. Die passen bequem in einen Tresor oder unter das Kopfkissen. Optionen auf die

Ochsen, Rüben, Weinfässer. Wir können sicher davon ausgehen, daß an den großen Handelsplätzen der Antike Dienstleister mit nichts anderem beschäftigt waren, als diese Optionsscheine, bzw. Schuldscheine (das Geld) fristgerecht in Leistung zu wandeln. Erinnern Sie sich noch an Herrn Friedman und seine lästigen, „natürlichen Ressourcen“? Bis heute muß die Logistik weltweit gigantische Warenmengen „just in time“ liefern. Trotz der „tollen Erfindung“ von Scheinen, Münzen oder Überweisungen, bleibt uns das Problem der Lagerhaltung, der Verderblichkeit der Waren und des Transportes so wenig erspart wie den Kaufherren vor 3000 Jahren. Es existiert als Anstoß zur „Geld-Erfindung“ überhaupt nur in der Phantasie von Spinnern, der Bundesbank oder z.B. der Bundeszentrale für „politische Bildung“!

Eine stabile Währung also, ohne staatliche Kontrolle, schon im Altertum (ein Friedman Traum)! Denn todsicher existierten schon damals so etwas wie „Rankingagenturen“, in denen verzeichnet war, wer nur magere Ochsen, sauren Wein und schwindsüchtige Sklaven lieferte. Wessen „Optionsscheine“ also minderwertig waren. Die Rankingagentur ist grundsätzlich also etwas sehr wichtiges und

nützliches. Was heute daraus geworden ist, ist eine andere Geschichte, die aber direkt mit dem Nichtverstehen (oder *nicht mehr* verstehen) von „Geld" zusammenhängt.
Münzen als „Erleichterung des Tauschhandels" sind Kinderkram. Vergessen Sie´s.

Bleibt allerdings die Frage, wozu dann Münzen überhaupt geprägt wurden und warum sie solche Bedeutung erlangten.
Die Antwort wird Ihnen nicht schmecken. Der Ursprung der Münze als Geld liegt weniger im privaten Handel, sondern eher in hoheitlichen Interessen. Besonders im Krieg.
Als Karthago im 4. Jahrhundert beginnt Münzen zu prägen, dient dies allein einem Zweck: Der Bezahlung der Söldner. Karthago hatte nie ein Freiwilligen - Heer, wie z.B. Rom, sondern immer nur Söldner. Das mag kaufmännisch gesehen wirtschaftlicher sein. Aber bezahlte Totschläger haben ganz andere Bedürfnisse als Handelspartner. Typen wie Rambo stellen sich nicht mit Schuldscheinchen brav in eine Schlange um Wein oder Mädels zu kaufen. Sie können den nicht mal lesen und müssen ständig mobil und beweglich sein. Was sie brauchen, ist eine Option, die allgemein anerkannt, - also umlauffähig und augenblicklich einlösbar ist. Die Münze eben. Auch die Schwierig-

keit der sicheren Verwahrung, die der seriöse Kaufmann gerne umging, ist kein Problem. Niemand wird es wagen, die Kriegskasse aus einem Lager bezahlter Killer zu klauen.
Der gewaltige Münzschatz also ist im Ursprung kennzeichnend für hoheitliche und militärische Macht. Das Mitführen der „Kasse" mit der Armee, bleibt auch nach dem Untergang von Karthago noch fast 2000 Jahre typisch für die Bedeutung von Münzgeld.
Münzen als segensreiche Erfindung zur Erleichterung des friedlichen Handels? Nein. Eher im Gegenteil.
Sogar der von mir geschätzte Ökonom, Thorsten Polleit stolpert in diese Falle.

Polleit würde gern eine ganze Geldreform durchziehen: Freies Marktgeld statt staatlichem Zwangsgeld, ist sein Credo. Warum nicht? Hört sich ganz vernünftig an.
Aber auch er hält Geld für ein Tauschmittel: „Geld erweitert die Tauschmöglichkeiten und fördert die produktive und friedvolle Kooperation zwischen den Menschen..." Bedauerlicherweise diente ausgerechnet das, was Herr Polleit für ein Mittel „friedvoller Kooperation" hält, vor allem dazu, den Menschen bewaffnete Horden auf den Hals zu hetzen oder sich

diese mit eigenen Söldnern vom Leibe zu halten.
Münzgeld war im Ursprung (und ist es bis heute), das Symbol hoheitlicher (staatlicher) Interessen. Diese „Lizenz zum Gelddrucken" werden sich die „Staaten" (ohne Gewalt) nie wieder entreißen lassen.

Natürlich ist die technische Erleichterung des Handels mit Münzen auch in der privaten Marktwirtschaft erkannt worden. Langsam, sehr langsam, bekam auch der sogenannte kleine Mann Münzen in die Hand. Erst im Zeitalter der Industrialisierung setzen sich Münzgeld (und Scheine) zur Entlohnung weitgehend durch. Es zeigt sich nämlich, daß der „Industriearbeiter" an die Verwertung seines Lohnes in etwa die gleichen Ansprüche stellt wie im Altertum der Söldner. Er ist wie dieser sehr mobil und „ohne Identität". Das erfordert eine Währung, die auch ohne „guten Namen" allgemein einlösbar ist.
Die grimmigen Eltern der Münze sind die „staatliche Einmischung" und der Krieg.

Das Münzrecht ist bis heute in staatlicher Hand. Es wird nur an ausdrücklich autorisierte „Münzen" vergeben. In Deutschland sind das z. B. Berlin, Hamburg, München oder

Stuttgart. Solange noch der Euro gilt, hat dieses „Münzregal“ für Deutschland (und andere EU Staaten) nur noch dekorativen Wert. Denn die Gesamthaftung und alle Rechte liegen nun bei der EZB in Frankfurt.
Wie auch immer, was dort hergestellt wird - sind nur Münzen und Scheine. Das Geld war vorher da!

Die populärsten Irrtümer zum Geld haben wir hiermit abgearbeitet. Über so nichtssagende Ersatzbegriffe wie Zahlungsmittel, Einkommen, Vergütung oder dergleichen brauchen Sie sich nun keinen Kopf mehr machen. Auch so freundliche Hinweise auf Wortverwandtschaften mit „Vergelten“ oder „Abgelten“, überlassen wir der Bundesbank, den Schülerbüchereien, dem Internet und Kinderbuchautoren.
Was da auf der Verpackung steht, wird Ihnen kaum mehr reichen, wenn Sie wissen was drin ist.
Sie können nun an jeder Stelle dieses Büchleins **den Begriff „Geld“ direkt durch „Schulden“ ersetzen (oder umgekehrt)**. Egal wo, **der Sinn ergibt sich dann von selbst**.

Wenn Sie in Zukunft Wirtschaftsnachrichten sehen, hören oder lesen, berücksichtigen Sie mal, das bisher gelesene.

Vielleicht können Sie die Dinge jetzt besser sehen wie sie sind und nicht wie sie scheinen. Das gilt besonders für den Geld - „Schein".

VERDAMMTE SCHULDEN ?

Sind Schulden unser Unglück? Absolut nicht. Sie müssen nur bedienbar bleiben. Volkstümlich gesagt, solange die Ausgaben nicht höher sind als die Einnahmen ist es grundegal wie hoch Ihre Schulden sind. Leider liegt genau da der Haken. Manche Menschen verlieren schon in einem Einpersonenhaushalt den Überblick. Irgendwann sitzen sie einem kopfschüttelnden Schuldenberater gegenüber. Andere jonglieren mehrere Firmen, mit hunderten Mitarbeitern und einem komplexen Gewebe von Krediten, Umschuldungen und Darlehen und jedes Jahr sieht die Bilanz besser aus.

Schuldendruck ist im Ursprung naturgegeben. Die Neigungen, Begabungen und Fertigkeiten der Menschen (und ganzer Völker) damit umzugehen ebenfalls.

So entstehen bereits in prähistorischer Zeit gesellschaftliche Zustände, in denen einige Clans oder Stämme Überschüsse erjagen oder produzieren und andere, die den Mangel gerade noch so verwalten können. Die Abhängigkeiten, die sich daraus ergeben, beschäftigen uns noch heute. Im überlieferten Altertum ist ein ausgefeiltes Schuldensystem bereits etablierte Lebenswirklichkeit.

Karl Marx, Sie erinnern sich, mag natürlich nicht, daß große „Geld - Besitzer“ hier und bloße „Arbeitskraftbesitzer“ dort von der Natur geschieden werden. Sonst würde seine schöne Theorie und der dialektische Materialismus zusammenbrechen. Leider ist genau das der Fall. Es ist die menschliche Natur, die das anrichtet, nicht der „böse Kapitalist“.

Schlagen Sie nach. Alle Sozialreformen, Aufstände und Revolutionen haben immer wieder nur das alte Schuldsystem bestätigt.

Es kommt noch schlimmer. Gerade die Vorzeige - Revolution, die Französische, ist eine reine Revolte von Geldinteressen gegen vormoderne, dynastische Interessen.

Ich erinnere noch die fanatisch flackernden Augen einer Referentin für „Frauengeschichte“ der Uni Bielefeld und höre ihr euphorisches Tremolo die „kulturellen Leistungen“ der Marktweiber von Versailles preisen, wie sie das Schloß stürmten und auf die Möbel pissten.

Kurz darauf räkelten sich auf den frisch bezogenen Polstern die neuen Herren von Frankreich. An die Stelle des Hauses Bourbon waren ganz unverhüllt die Machtansprüche des Geldes gerückt, das „Direktorium“ (vielsa-

gender Name - oder?). Gegen die Geschichte dieser Finanzverbrecher lesen sich die Nachrichten über heutige Währungsmanipulationen, Kreditbetrügereien und verbotene Zinsdifferenzgeschäfte, auch nicht schlimmer.
Wir finden dann übrigens die selben Marktweiber, schön artig, hinter ihrem Gemüsestand wieder. Sie brüllten jetzt nur noch um ihren Blumenkohl loszuwerden. Obwohl es ihnen unter dem Direktorium und später unter Napoleon wesentlich schlechter ging. Die Geld - Interessen haben Frankreich (und nicht nur Frankreich...) nie mehr aus ihren eisernen Klauen gelassen. Napoleon III. (Kaiser von 1852 - 1871) sah sich gar gern als den Bankier auf dem Kaiserthron. Er wußte: Geld regiert die Welt. Genutzt hat ihm dieses Wissen am Ende nichts.

Engagierte Menschenfreunde fragen sich, wieso unter solch bitteren Umständen nicht jeden Tag zum Umsturz geblasen wird. Sehr einfach. Die Umstände sind normalerweise gar nicht so bitter. Die meisten Menschen spüren das „Natürliche" im Ablauf dieses Schicksals, auch wenn sie keine Ahnung haben, was „Geld" ist. Schuldendienst ist überhaupt nichts schlimmes oder gar ehrenrührig.

Ein wirklich gut verdienender Angestellter, der zusammen mit seiner Frau das gemeinsame Haus abbezahlt und es den Kindern gut gehen läßt, ist fest eingeknotet in ein Netz von Schulden. Die meisten dieser Leute sehen dabei ganz vergnügt aus. Solange sie die Raten zahlen können. Dieses Netz wird erst schmerzhaft spürbar, wenn der Schuldendienst aussetzt und die ersten Zwangsmaßnahmen der Gläubiger einsetzen.

Schulden als Dauerzustand

Um es aber ganz klar zu stellen: Es gibt kein Entkommen aus diesem Netz, selbst wenn alle Schulden und Zinsen bezahlt sind. Dann läßt der Druck auf den eigenen Haushalt zwar nach, aber die Schulden werden ja nur weitergereicht. Es muß immer wieder einen Weiteren geben, der Schuldendienste leistet um seinen Vorgänger liquide zu halten.
Menschen, die auf einem dicken Bankguthaben sitzen und keinen Finger mehr rühren, stecken so tief im Schuldensystem wie alle anderen. Sie sitzen auf einem Haufen von Forderungen (Geldscheine oder Guthaben), für die sich andere bereits verschuldet haben und noch weiter verschulden müssen.

Deshalb werden Schulden auch immer bezahlt. Immer, ausnahmslos! Ich weiß, Sie stutzen jetzt. Immer?
Bitte bedenken Sie: Im Augenblick des Vertragsschlusses ist die Schuld unausrottbar in der Welt. Bevor sie getilgt oder schlicht bezahlt wird, mußte der Gläubiger in Vorleistung treten, um die Masse zu erwirtschaften, aus der überhaupt verliehen/kreditiert werden kann. Selbst wenn der Schuldner nun total ausfällt, durch Krankheit, Pleite, Tod oder Betrug, wie im Fall Griechenlands, bleibt die Schuld bestehen. Der Gläubiger muß nun für sie aufkommen. Er ist eigentlich schon dafür aufgekommen, bleibt jetzt aber auf ihr sitzen. Und das natürlich plus Zinsen.
Soviel zum Thema Schuldenerlaß. Nur eine Politikerphrase oder ein Schuldnertraum. **Es gibt keinen Schuldenerlaß, nur Schuldenverlagerung**. Das dürfte wohl keinem aufmerksamen Beobachter der EU-Schuldenkatastrophe verborgen bleiben. Einer muß immer leisten

Was es allerdings gibt, ist das ordnungsgemäße Erlöschen einer Schuld. Wenn die Bratwurst bezahlt und übergeben ist, erlischt diese spezielle Schuld. Noch vor dem Verzehr. Wenn das Haus nach 30 Jahren abgestottert ist, erlischt die Schuld. Man spricht auch tatsächlich von der „Löschung der Schuld" im Grundbuch. Das gilt für Millionen kleinere und größere Kaufakte, die Tag für Tag passieren. Das sind unendlich viele, individuelle Schuldverhältnisse, die durch Konsum und Verbrauch, im Wortsinne, aus der Welt geschafft werden.
Die Löschung dieser Schulden ziehen aber sofort Schuldverhältnisse Dritter nach sich. Es sind die der Empfänger der Tilgungen, also des Geldes, das ihnen ab jetzt die Bank schuldet. Individuelle Schuldverhältnisse können also durchaus enden, das Geldsystem (Schuldensystem) endet aber nie.

Diesem Dauerzustand menschlichen Seins haben zwei kluge Männer einen Begriff gegeben: „Debitismus". Das hört sich ein bißchen an, wie eine Hustenerkrankung. Kommt aber vom lateinischen „debere" (müssen/schulden) oder dem englischen Bilanzposten „depts" (Schul-

den/Verbindlichkeiten). Leute, die was schulden, sind in der deutschen Buchhaltung „Debitoren".
Die klugen Männer sind die Professoren Otto Steiger und Gunnar Heinsohn. Sie haben erkannt, daß wir Menschen eigentlich alle „Debitoren" sind. Die „Debitismus – Theorie" erklärt, daß alles Wirtschaften nichts ist, als eine Reihe von Gläubigern und Schuldnern, die entweder ihre Schulden einzutreiben oder abzuzahlen suchen. In ihrem Standardwerk „Eigentum, Zins und Geld" stellen sie dabei die zentrale Bedeutung von Eigentum heraus. Mit dem „Eigentum" werden wir uns hier auch noch beschäftigen. Selbstverständlich arbeitet Otto Steiger in diesem Zusammenhang mit einem treffenden Geld-Begriff.

Bedauerlicherweise hat sich Herr Professor Steiger schon 2008 von dieser verschuldeten Welt verabschiedet. Ein kleines zweieinhalb Minuten Video zeigt den jovialen, ergrauten Herrn bei Youtube. Für seine wirklich gewichtigen Sätze erntet der Professor gerade mal ca. 4300 Klicks (Stand Januar 2023). Fabian, der Kinderschreck, hingegen hunderttausende. Das Internet ist ja so nützlich...
Die Insider aus Industrie und Wirtschaft, weniger die „Spezialisten" aus der sogenannten

Fachwelt oder Politik, zweifeln nicht daran, daß Otto Steiger mehr als eine Theorie geliefert hat. Nämlich die treffende Zustandsbeschreibung menschlichen Wirtschaftens.

Mühsame Trüffelsuche

Weitere intelligente Beiträge oder gar Antworten auf die Frage „was ist Geld?" sind unglaublich dünn gesät. Die Winter - Ausgabe 2011 der Kulturzeitschrift „Gazette" lieferte tatsächlich etwas lesenswertes. „Geld wird aus Schulden gemacht", heißt es dort. Der Herausgeber des Blattes, Fritz R. Glunk, erklärt in einem Fernseh - Interview des 3SAT Kulturstudios den verblüfften Zuschauern, daß Geld erst durch einen Schuldvertrag entsteht. Allerdings macht er dann einen zeittypischen Fehler, der sich auch durch den interessanten Artikel seiner „Gazette" zieht.

Auf die berechtigte Frage, wo denn die Quelle, der Ursprung des Geldes ist, kann Herr Glunk nicht wechseln. Das Geld sei entstanden aus dem „Nichts", ist seine überraschende Erklärung. „Es gibt keine Quelle des Geldes..." spricht Glunk, „...die Bank schafft dieses Geld, wie ein Schöpfungsakt..."

Man kann dem Fragesteller, Herrn Ernst Grandits, deutlich ansehen, daß er mit dieser

Antwort nichts anfangen mag. Da hat er recht. Glunk selbst gibt sogar zu, daß dies schwer zu erklären sei. Aber, daß Geld durch bloße Kreditaufnahme aus dem Nichts von der Bank geschaffen wird (Geldschöpfung), muß auch nicht erklärt werden. Es ist ein Denkfehler.
Leider taucht dann im Artikel, der doch so gut gestartet war, wieder der Unfug vom Tauschhandel auf und auch das Märchen vom Goldschmied. Kein Wunder, daß die „Gazette“ zu einem völlig absurden Schluß kommt, Zitat: „Banken erfinden also einfach das Geld, das sie verleihen, und Regierungen haben ihnen die Erlaubnis dazu erteilt“. Wirklich kindisch! Warum sollten Banken dann überhaupt noch Kredite geben oder irgendwelche Geschäfte tätigen? Warum dieses Risiko? Statt dessen könnten sie ohne die lästigen Bankkunden das Geld einfach massenhaft „selber machen“. Sie brauchten dann nie mehr investieren, kreditieren, emittieren, bewerten, kaufen, zahlen, zu- oder abbuchen. Sie wären dann auch nicht mehr „systemrelevant“, weil sie dann ja auch nie Pleite gehen könnten, sondern jedes Loch in der Bilanz einfach mit „selbstgemachtem Geld“ stopfen würden. Warum haben die Lehman Brothers das 2008 nicht einfach gemacht? Oder schon die Herstatt-Bank 1974? Unglaublich, dieser große Bogen, von der tref-

fenden Feststellung, „Geld wird aus Schulden gemacht“, zu einer Schlußfolgerung auf Kinderbuchniveau, die in den Standardirrtum mündet: Geld wird einfach gemacht und verteilt (S.52).

Den gleichen, wunderlichen Bogen schlägt Eske Bockelmann in seinem Buch „Das Geld...“. Nach einer wirklich interessanten Einführung in die gängigen Irrtümer zum „Geldbegriff“, verläßt er plötzlich den geraden Pfad und biegt plötzlich „links“ ab. Geld sei ein reines Tauschmittel, reines Quantum, nur Zahl, geschöpft aus „nichts“, unter dem Zwang dieses „nichts“ immer weiter zu vermehren. Diese Aussagen sind reine Ideologie. Dies offenbart auch seine Vorstellung, Geld sei erst spät entstanden - so um 1600. Seit dem müsse nun den Gesetzen des Geldes gehorcht werden - „damit eine Geldwirtschaft läuft“. Folgerichtig träumt Bockelmann denn auch von den künftigen Zeiten, da wir dem Geld nicht mehr gehorchen müssen. Kommentar überflüssig.

Zurück zur Gazette. Dort findet der Leser drei „große Fragen“, die schließlich auch das grundlegende Unverständnis des Autors, Paul Grignon, vom Ursprung des Geldes offen legen.

1.Wieso leihen sich Regierungen Geld von Banken, wenn sie es doch selbst und zinsfrei herstellen können?

Erstmal wird Geld nicht hergestellt wie irgendeine Ware und Geld ohne Zinsen gibt es nicht, solange es die „Zeit“ gibt.

Die augenblickliche Nullzinspolitik der Notenbanken bestätigt dieses ewige Verdikt. Faktisch wird zur Zeit das Geld zinsfrei „hergestellt“. Das ist Falschgeld „aus dem Nichts“ und kein seriöser Experte bezweifelt, das sich die Währungen damit eigentlich abgeschafft haben und wir alle auf einen Megacrash zusteuern.

2.Warum wird Geld als Schuld generiert? Warum nicht Geld schaffen, das ständig umläuft und nicht immer gegen Zinsen verliehen werden muß um zu existieren?

Kinderkram. Die Schuld ist das Geld. Sie ist vor dem „Geld“ da und wird nicht einfach so aus dem Nichts „generiert“. Geld, das „ständig umläuft“ gibt es nicht. Der Geld – Güterkreislauf funktioniert kaum in der Theorie. Übrigens scheint der Frager verpaßt zu haben, daß die Geschichte dieses lustige Experiment schon versucht hat. Die sozialistischen Staaten haben ihren Genossen diesen Traum verord-

net und sie teuer dafür bezahlen lassen. Ostmark, Rubel oder Zloty waren staatlich „geschaffene“ Währungen die ohne echte Zinsbindung „ständig umlaufen“.
Eine Schuld, die aber von vornherein auf die Tilgung verzichtet, macht sich selbst überflüssig. Weil sie dann wirklich „nur umläuft“. Das ist dann keine Währung mehr, sondern nur eine Gefälligkeit. Und zwar eine, zu der die Mitglieder solcher Gesellschaften dauerhaft gezwungen wurden. Als Dauerzustand hatte das freilich keine Überlebenschance auf einem Weltmarkt, der Leistungen erbringen muß und fordert. Alle Mitglieder dieser „Zinslosen Gesellschaften“ haben teuer für diesen romantischen Traum bezahlen müssen. Und das werden auch wir, wenn wir unser „Geldsystem“ weiterhin ohne einen gesunden Zinsfuß betreiben.

3.Warum ist unser jetziges System vollständig abhängig von andauerndem Wachstum? Was muß geändert werden, um die Entstehung einer nachhaltigen Wirtschaft zu ermöglichen?
Halt! Diese Frage ist berechtigt! Warum geht´s eigentlich nicht ohne Wachstum? Darauf kommen wir gleich.

Für den Moment soll festgehalten werden: Echtes **Geld, also realisierbare Schulden, können niemals aus dem „Nichts" geschaffen werden.** Bitte merken.
Geld ist immer eine Zusage, ein Versprechen, auf eine ganz klar definierte Leistung. **Ohne** diese **Leistung - kein Geld - keine Schulden - kein Kredit**. Die Besicherung des Kredites ist sein Ursprung. Die Leistung deckt das Geld. Arbeit, Immobilien, Waren, Edelmetalle oder Dienstleistungen. An diesem Verdikt ändern auch die „Luftgeschäfte" der sogenannten Finanzwirtschaft mit ihren Immobilien- oder Neue-Markt-Blasen nichts. Denn irgendeiner muß immer leisten. Darüber gleich noch mehr.

Die Leistung ist im Geldsystem unverzichtbar. Scheine, Münzen, Giralgeld schon. Das zeigt sich immer sehr schön nach großen Zusammenbrüchen. Vielleicht kennen Sie noch einen betagten Freund oder Verwandten, der Ihnen ein paar (wahre) Geschichten vom Schwarzmarkt aus der Nachkriegszeit erzählt.

Pfiffige Beiträge, wie den von Fritz Glunk, muß man mit der Lupe suchen. Aber wer verirrt sich schon zu einem politischen Kulturmagazin? Auf Youtube finden wir Herrn Glunk in einer staubigen Nische, mit ca. 2700 Klicks (Januar 2023). Das Internet ist ja so nützlich...

Aber manchmal witzig. Ein paar wirklich passende Worte zum „Geld“ finden sich da an einem Ort, wo man sie am wenigsten vermutet: z.B. auf der österreichischen Webseite des Volksbegehrens „Banken in die Schranken“. Hübsch eingekästelt springt dem Besucher gleich der Spruch in die Augen: „Geld ist ein (durch unser Vertrauen legitimierter) Anspruch auf eine Leistung.“ Volltreffer. Als Autor wird Chris Martenson genannt.
Weiter geht´s dann: „Geld ist nur ein Anspruch auf Leistung, nicht die Leistung selbst.“ Richtig!
Dann, weiter unten, folgt die nette Worthülse: „Geld ist Mittel und nicht Zweck der Wirtschaft“. Das ist gut gemeint und war bis 1914 vielleicht auch so. „Belegt“ wird die freundliche Weisheit allerdings durch ein leeres Sätzchen aus dem Kinderbuch: „Wirtschaft ist definiert als der Austausch von Gütern und Dienstleistungen…“ Naja, die Seite ist mittlerweile abgeschaltet.
Immer mehr bedauerliche Irrtümer tauchen auf der Webseite auf. Zum Beispiel, Geld könne entgegen des bekannten Wortes eben doch nicht arbeiten. Das ist schon sachlich grund-

falsch. Geld arbeitet wie verrückt. Denn die Ansprüche auf Leistung (also die Schulden) können nur durch tatsächliche Leistungen gedeckt werden.
So ist das, wenn romantische Neigungen und politische Visionen der schmucklosen Erkenntnis im Wege stehen.

Ganz typisch ist (leider) auf dieser Webseite der Menüpunkt: „Die Schwierigkeit Geld zu denken". Das Thema sei so emotional besetzt, daß sich ein Jörg Buschbeck zu der hilflosen Feststellung hinreißen läßt: „...daß wir Geld eigentlich nicht denken können..." Das betrifft aber nur hoffnungslose Romantiker oder Leute, die grundsätzlich Probleme mit dem Denken haben. Eine Hürde, die auch der ausgewiesene Finanzfachmann, Bernard Lietaer nicht überspringen möchte. Obwohl er in seinem Buch, „Das Geld der Zukunft" teils treffliche, teils interessante Ausblicke bietet, auf technisch bedingte Eigentümlichkeiten des Schuldsystems der Zukunft.
Sobald aber etwas Logik statt bunter Visionen gefragt sind, verweigert Lietaer sofort. Auf die „...einfache Frage...", was Geld denn nun eigentlich ist, zitiert Lietaer Marcel Labordere, auch einen Visionär: „Es liegt auf der Hand, daß der Mensch niemals wissen wird, was

Geld ist…“ Lietaer selbst fabuliert im Zusammenhang mit Geld nur von „Mysterium“ oder „Geheimnis“. Auch er staunt, wie Geld „…buchstäblich aus dem Nichts…“ geschaffen wird. Er vergleicht tatsächlich den Bankangestellten mit einem „…Zauberer, der ein Taschentuch über dem Hut schwenkt, bevor er das Kaninchen (das Geld) herauszieht.“ Was er und all die anderen mit dieser mystischen „Geldschöpfung aus dem Nichts“ eigentlich meinen, ist eine Überbewertung - durch Inkompetenz oder krimineller Energie.
Keine gute Reklame für jemanden, der die peruanische Regierung beraten hat und mitverantwortlich war, für die Einführung des ECU, aus dem schließlich der Euro wurde. Wenn man sich allerdings Peru und den Euro mal unter dem Vergrößerungsglas ansieht, wundert einen die Ratlosigkeit des Herrn Lietaer zum „Mysterium Geld“ nicht mehr.
Soviel zur Trüffelsuche zum Thema Geld. Die Ausbeute ist selten treffend, manchmal originell, manchmal witzig, aber insgesamt mitleiderregend. Probieren Sie es doch selbst mal.

WACHSTUM

Wir kommen wieder auf die Frage von Paul Grignon: *Warum ist unser jetziges System vollständig abhängig von andauerndem Wachstum? Was muß geändert werden, um die Entstehung einer nachhaltigen Wirtschaft zu ermöglichen?*

Ja, ja, ich weiß, das sind schon zwei Fragen. Die erste wird uns schon genug Kopfschmerzen machen. Nicht, daß die Antwort schwierig wäre. Wenn Sie bis hierher gelesen haben, können Sie sie eigentlich schon selbst geben.
Was auf der Seele liegt, ist die dunkle und sehr berechtigte Vorahnung, die in der Frage mitschwingt. Das nämlich am Ende des Wachstums – wirklich das Ende kommt.

Wieso überhaupt Wachstum?

Geld und Wachstum sind untrennbar. Leider. Beide sind mit den Menschen aus dem selben Ei gekrochen. Das sehen wir uns jetzt einmal an und kehren zurück zu unserem Beispiel mit dem prähistorischen Mustervati.
Der hat mittlerweile seine Kartoffeln geerntet. Mit einem Teil davon hat er seinen „Kredit" abbezahlt, einige sind eingekellert. Das Holz für den Ofen ist geschlagen, die Ziege gemol-

ken. Holz und Milch sind reichlich vorhanden, etwas davon kann er sogar an die Nachbarn verkaufen (nicht vergessen: **verkaufen** - nicht tauschen). Es läuft, man lebt.
Trotzdem ist nicht alles wie früher. Es wird enger. Möbel, Geräte und Gerümpel passen kaum noch in die Hütte. Es muß damit zusammenhängen, daß diese Frau da am Herd ständig schwanger wird. Irgendwann muß Mustervati mal klären, wieso es immer wieder dazu kommt...
Also - der ganz natürliche Zuwachs von Menschen schafft Handlungsbedarf. Es muß angebaut werden, mehr Ackerland ist nötig, es wäre auch nicht schlecht, wenn außer der Mutti auch mal die Ziege schwanger würde.
Die Gesamtsumme von Leistungen, also von Schuldverhältnissen, nimmt automatisch in einer wachsenden Gesellschaft zu (Bruttosozialprodukt). Wirtschaftswachstum ist so natürlich wie das Wetter. Es ließe sich nur eindämmen, wenn in ausreichender Menge Kinder und Zuwanderer erschossen würden. Nicht mal die „Grünen" oder die „Roten", ausgesprochene Wachstumskritiker, könnten sich mit so einem Programm anfreunden.
Mit dem Wachstum steigen aber auch die Preise. Der Aufwand, den alle betreiben müssen, steigt immer weiter. Wir reden hier nicht

von Verschwendung oder Luxus, das kriegen wir gleich noch. Es geht hier zunächst um die völlig unvermeidliche Zunahme von berechtigten Bedürfnissen einer wachsenden Gesellschaft und deren Befriedigung.

Die Leistungen werden teurer, vorerst nicht aus Gier, sondern weil die bloße Kostendeckung dies erzwingt. Die Familie hat nun mehr Mäuler zu stopfen, der Bauer eine größere Fläche zu beackern und der Medizinmann mehr zerschlagene Knochen zu flicken. **Das ist eine natürliche Zunahme der Geldmenge** (der Schuldverhältnisse). Wenn es gut läuft, können die meisten Mitglieder einer solchen Gesellschaft auch die steigenden Preise problemlos zahlen und sogar Leute mit tragen, die umständehalber zur Zeit nicht mitarbeiten können oder wollen (z.B. Politiker, Beamte…).

Die vielen bekannten Modelle, wo es nicht so gut läuft (Unwetter, Krieg, Dummheit...), helfen uns hier im Moment nicht weiter. Sie ändern nämlich alle nichts an dem Faktum: **Wirtschaftswachstum, wenn es gut laufen soll, ist hoffnungslos unvermeidlich**. Bitte nicht vergessen.

Hier darf aber nicht unterschlagen werden, daß einige nachdenkliche Köpfe vermutlich nichts gegen dieses gesunde, natürliche Wirtschaftswachstum haben. Sie wenden sich, ganz zu recht übrigens, gegen ein beschleunigtes Wachstum. Gegen eine geradezu irrsinnige Hetzjagd nach Marktanteilen, Umsätzen und Börsennotierungen. Kurz gesagt, gegen ein widernatürlich aufgepumptes Wachstum.

Die Alternativen... ?

In den Modellen, die sie als Alternativen anbieten, zeigt sich aber meistens nur Hilflosigkeit. In einem Video von Grignon bei Youtube, „Money as Dept", sehen wir plötzlich einen nach oben offenen Zylinderhut mit der Aufschrift: „Bankers Zauberhut". Dieser böse, schuldenspuckende Hut soll natürlich abgeschafft werden. Aber Geld existiert nun mal immer nur als Schuld. Auch hier also, die tragische Verkennung der Wirklichkeit.

Es kommt aber für alle alter-naiven Wirtschaftstheoretiker noch viel schlimmer: Diese Schuldverhältnisse sind in historisch langen und blutigen Konflikten den alten, dynastischen Mächten entwunden - und dem sogenannten Volk ausgeliefert worden.

Ich möchte hier noch einmal an die Französische Revolution erinnern. In der Schule hat man uns erzählt, die armen, ausgehungerten Arbeiter und Bäuerlein hätten den gutbetuch-

ten, vollgefressenen Adel gestürzt. Vergessen Sie´s.
Oswald Spengler hat bereits vor rund 90 Jahren festgestellt, was wirklich geschehen ist: Das Geld hat sich die ihm gemäße Regierungsform geschaffen - die „Demokratie". So ist das. Beweis? Es reicht wenn Sie mal in die Parlamente der Welt reinhören. Da wird über ein einziges Thema gesprochen: Geld (Schulden)!

Wir finden die Arbeiter und Bäuerlein nach den Revolutionen genauso ausgehungert wieder. Das Privileg, jetzt auch, wie der wohlgeborene Herr, mit Banknoten und Überweisungen herumwedeln zu dürfen, hat sie nicht viel weiter gebracht. Trotzdem klammern sich die modernen, bürgerlichen Gesellschaften inbrünstig an diese schwer erstrittenen Rechte. Das heutige Notenbankensystem, so leid es mir für Herrn Paul Grignon und alle seine Anhänger tut, war Sinn und Ziel der bürgerlichen Revolutionen. Es ist im Augenblick noch gesellschaftlicher Konsens. Bis es digital zerstört wird !
Das sollten alle Damen und Herren berücksichtigen, die den „Great Reset" wünschen, ohne den geringsten Schimmer, wohin dieser „Reset" wohl führen soll. Dümmliche Phrasen

a la Davos, über „neue Herausforderungen", „Klima", „Schuldenerlaß" und „Schicksalsgemeinschaft", werden nichts nutzen. Es ist sicher, daß wie in den letzten 10.000 Jahren, alle sich überschlagenden, gesellschaftlichen Probleme, die praktisch immer Schuldprobleme sind, nicht politisch, sondern physikalisch aufgelöst werden. Durch Gewalt!

Wildwuchs statt Wachstum

Ich wünschte wirklich, eine hochkarätige Denkschule, würde sich den krankhaften Auswüchsen des „Wachstumsgedankens" mal konstruktiv annehmen. Wenn aber schon „höchste Autoritäten" wie die Bundesbank oder die Bundeszentrale für politische Bildung an den primitivsten Begriffen scheitern, kann auch nicht viel mehr als bei Wikipedia, Google oder „Wissen.de" dabei herauskommen.
Sehr schnell enden alle Erklärungsversuche oder Theorien in parteiideologischem Gefasel, sozialistischen Umverteilungstheorien oder schlichtem Unsinn. Jenseits von aller Politik aber ist der Drang irgend etwas ändern zu wollen ganz und gar verständlich. Denn was Wachstum in der Gegenwart bedeutet, ist tatsächlich krank.

Machen Sie´s mal wie ich. Sehen Sie sich mal vorsätzlich und bei vollen Bewußtsein TV - Werbung an.
Die Discounter prahlen mit Veggiefraß, der wie Viehfutter hergestellt wird und dabei weltweit die Wasserreserven in der dritten Welt aufzehrt.
Zwei mal täglich bunte Pillen versprechen aus fetten Konsumidioten, schlanke, sportliche Konsumidioten zu machen. Millionen der Verpackungen finden sich kurz darauf im Meer wieder. Zusammen mit Millionen Kaffeekapseln, Cremedöschen - für „magisch schöne Haut", Cola Dosen und Flaschen (seit gut 80 Jahren), Töpfchen, in denen ganz gesunder, energetisch – veganer Joghurt klebte und was man sonst noch dringend braucht.
Zum Beispiel Wundersocken, die Rheuma, Krebs und Impotenz heilen, leider nicht Doofheit. Weshalb es sich auch lohnt für Säfte zu werben, die das Immunsystem stärken sollen, welches kurz zuvor mit Covid „Impfungen" irreparabel niedergespritzt wurde.
Den zynischen Zusammenhang mit der neuerdings verstärkt beworbenen ERGO Sterbevorsorge wird wohl kaum einer der „mündigen Konsumenten" herstellen können. Die

überfahren statt dessen lautlos mit ihren E - Autos andere, mündige Konsumenten, die nicht auf die Straße, aber auf ihr Smartphone achten. Dort erweitern sie gerade ihre „persönliche Freiheit", durch noch mehr Datenvolumen, was die totale Überwachung durch Politik und deren Auftraggeber aus der Industrie noch effizienter macht.

Nachhilfeunterricht, jetzt online, macht den antiseptischen „Distanzunterricht" zum häuslichen Normalfall. Schäden sind nicht zu erwarten, denn dümmer können die kleinen Datensätze (früher Kinder oder Schüler) ohnehin nicht werden.

Deren Pampers, auch aus der Werbung, stinken zum Himmel. Meine Windeln wurden noch gewaschen, weshalb ich vermutlich praktisch gegen nichts allergisch bin. Außer gegen Phrasen wie „Nachhaltigkeit".

Während verlogene Heuchler von „Nachhaltigkeit" und Solidarität mit den Armen in Asien und Afrika faseln (geht ganz einfach, per App und Paypal), läuft im Hintergrund die mörderische Akku - Produktion, die Wasser und Böden verseucht. Die dafür verbrauchten Kinder spielen hier keine Rolle, weil sie als Rohstoff fast unbegrenzt abbaubar sind.

Nachhaltiges, sauberes Autofahren fordert nun mal Opfer von uns allen...

Das gilt auch für nachhaltiges Holzspielzeug und Heizen, wofür die Wälder dran glauben müssen. Auch der Konsument glaubt dran, denn das „Umweltsiegel“ verheißt Erlösung…

Alle paar Wochen sind unsere tollen Telephone veraltet. Nun muß es der „Dual Screen“ oder „Mate X“ sein. Aus dem alten Smartphone Schrott, der Gestern noch der letzte Hit war, kann sich die „Black Lives Matter - Zielgruppe“, auf den Müllhalden in ihrer Heimat, die Rosinen herauswühlen. Wenn das nicht nachhaltig ist…

Das alles läßt sich beliebig ausdehnen auf Schuhe, Handtaschen, Urlaubsreisen, Schönheitsoperationen, Designerküchen und die Technik der „künstlichen Intelligenz“, auf die eine verblödete Gesellschaft dringend angewiesen ist . Niemand fragt sich, was wohl passieren wird, wenn Schwachköpfe die „künstliche Intelligenz“ programmieren…

Um das volle Maß zum Überlaufen zu bringen, produziert die Industrie mit zunehmender Frechheit Güter mit programmierter „Selbstzerstörung“ (Obsoleszenz) und wo früher nur ein Birnchen getauscht wurde, muß jetzt die ganze Lampe auf die Müllhalde. So geht´s auch mit Fahrradschläuchen, Küchenmixern, Druckern, Schuhsohlen - eigentlich mit allem. Warum es trotzdem kaum Amokläufe gibt? Weil es fast niemanden interessiert!

Dazu gesellen sich noch groteske Figuren a la Thunberg & Co, die auf Kinderbuch -Niveau eine verlogene Medienindustrie befeuern und denen die entsprechenden Zielgruppen unter völliger Hirnabschaltung nachrennen.
Dann wären da noch ein paar Millionen lustige, bunte Handyhüllen und Haargummis, die zum Nagellack passen müssen und nach ein paar Tagen nicht mehr gefallen und Millionen Plastikbeutelchen, zum Einsammeln der Hundescheiße. Natürlich voll abbaubar…
Weil das alles noch nicht reicht, gönnen wir uns außerdem staatlich erzwungenen Konsum, der mindestens so irrsinnig ist, wie der private.
In den letzten 2 Jahren wurde weltweit mehr Kunststoffmüll produziert als in den 10 Jahren davor. Hundertausende Tonnen versiffte Masken, Teststäbchen und Spritzen verteilen sich über Länder und Meere, wegen einer „Pandemie", die, wie sich jetzt langsam herausstellt, ein bedauerlicher Irrtum war. Eine wirkliche „Schweinegrippe"…

An den Millionen Opfern der sogenannten „Corona Impfungen“ verdient sich eine Krankheitsindustrie (immer noch!) blöde. Genau so einträglich wie ein Weltkrieg, war diese Panikdemie. Wie heißt es so schön: Sex sells. Angst und Panik aber noch besser!

Und das, Herr Grignon, ist die moderne, mündige Informationsgesellschaft, der Sie und Ihre verträumten Freunde gebremstes Wachstum verordnen wollen.

Woher kam der Wildwuchs?

Wieso regen wir uns eigentlich so auf? Das Geldsystem funktioniert doch. Paul C. Martin hat vor rund 30 Jahren in seinem Buch „Der Kapitalismus – Ein System, das funktioniert“ sehr schön und mit drastischen Worten vorgerechnet, daß – und wieso der Kapitalismus so prima funktioniert. Natürlich löst der Name, Paul C. Martin, bei einigen professionellen Gutmenschen Hustenanfälle aus. Der Mann bezieht knallhart Position für ein kapitalistisches Gesellschaftssystem, möglichst ohne jede staatliche Einmischung.

Ob Sie diesen Herrn nun mögen, seine Ansichten teilen oder nicht, es macht schon viel aus, wenn jemand den Begriff „Geld" verstanden hat. Und das hat Martin. Den Kapitalismus skizziert er als „Kettenbrief", in dem frühere Schuldner immer weitere Schuldner brauchen, um die eigenen Schulden bedienbar zu halten. Das trifft die Sache nun mal sehr genau.

Auch wenn der „Kettenbrief" als Bild nicht recht paßt. Denn der Kettenbrief bleibt (inhaltlich) immer derselbe. Das Wesen der kapitalistischen Geldkette, also der Schuldenkette, ist aber die Schaffung immer völlig neuer Schuldverhältnisse. Im Idealfall sobald alte Schuldverhältnisse gelöscht sind. Dazu gehört auch die Schaffung neuer Ideen, Innovationen und Leistungen, für die andere sich freiwillig verschulden, um so die eigenen Schulden tilgen zu können.

Paul C. Martin sagt, dieser harte Liquiditätsdruck, unter den sich alle Marktteilnehmer selbst setzen, zwinge zu immer neuen Einfällen, Erfindungen, technischen Errungenschaften und letztlich dem großen Vorsprung, den kapitalistische Gesellschaften heute haben.

Dem ist in der Sache schwer zu widersprechen. Die schmachtenden Horden vor den Apple-Stores scheinen ihm recht zu geben. Das müssen auch jene einräumen, die „Kapitalismus“ für ein Schimpfwort halten, sich aber kritische Dokumentationen auf ihrem mistneuen HD - Flachbildschirm ansehen, ihre Kritik per 5G Technik verschicken oder online eine Pizza bestellen – also selbst das System befeuern, das sie anprangern. Das ist wie die Steigerung der CO2 Emissionen durch Gretas Demos gegen CO2.

Herrn Martins treffliche Analyse hat nur „dekorative“ Mängel. Denn der Begriff „Kapitalismus“ ist zu ideologisch besetzt, um solches Lob ernten zu dürfen. Er ist in seiner heutigen Form sicher kein Zufall, weil er dem menschlichen Wesen entspricht.

Aber Martin übersieht großzügig, daß gerade deshalb dem sogenannten Kapitalismus auch etwas anderes, typisch menschliches zu eigen ist: das Unvollkommene. Er schreibt gar selbst: „...Weil der Kapitalist immer gierig ist, also immer mehr haben will, als er zu zahlen bereit ist.“ Da überholt Martin sich fast selbst auf der linken Spur.

Ursprünglich geht es nämlich noch nicht um Gier. Der „Kapitalist“ *will* zunächst nicht mehr haben, er *muß* einfach mehr haben, also Gewinn machen, um überhaupt zu existieren (Zins). Die Gier ist schon schlimm genug, aber ihr folgt das größere Problem: die Konzentration.

Wir kommen wieder auf ein Sätzchen zurück, das ziemlich am Anfang dieser Schrift steht: **Geld zwingt durch seine bloße Masse zum Handeln.**
Ab einer bestimmten Masse verhält sich Geld wie ein großer astronomischer Körper. Es produziert Schwerkraft. Das mag sich etwas esoterisch anhören, ist aber das ganze Gegenteil. Nämlich reine Physik.

Fangen wir mit der Konzentration an. Ganz gleichgültig wie sozial, ökologisch, menschenfreundlich oder bürgernah eine Marktwirtschaft anfängt, ein paar Jahre später gibt es große, kleine und ganz mickrige Haushalte und Unternehmen. Das liegt in der Natur des Menschen und ist erst mal nicht schlimm.
Aber an den Rändern des Marktes flackern früher oder später die ersten „Kampfhandlungen" auf. Nämlich bei den ganz großen Verlierern und den ganz großen Gewinnern. Wir müssen uns zunächst den Letzteren widmen, denn der Kampf in der Suppenküche hilft uns an dieser Stelle leider nicht weiter.
Ab einer bestimmten Unternehmensgröße und in bestimmten Branchen gibt es kaum noch eine Wahl zwischen „Konsolidierung" und

„Expansion". Sich konsolidieren, Maß halten, absichern, festigen oder wie es heute so schön heißt, „nachhaltig wirtschaften", ist ehrenvoll, aber oft lebensgefährlich.
Die Konkurrenz wartet nur auf diesen Augenblick. Wir reden hier nicht davon ein paar Marktanteile zu verlieren oder nur in der dritten oder vierten Reihe mitmarschieren zu dürfen. Wer im ganz großen Stil Stuhlbeine, Naßrasierer, Autos, Handys oder Heißwürstchen produziert ist nicht von Konkurrenten umgeben, sondern von Todfeinden. Auf der Spitze des Olymp, über der Bewölkung, geht es zwischen den großen Platzhirschen um nichts weniger als um die Existenz. Jeden Tag, den der liebe Gott werden läßt, müssen die Kosten für zehntausende Arbeiter und Angestellte, Material und Rohstoffe für Maschinen, Mieten, Energiekosten und Kredite erwirtschaftet werden. Bei der geringsten Zahlungslücke, geraten diese schweren Industriesaurier ins Wanken. Und mit ihnen alle Zulieferer, Vertriebsagenten, Dienstleister und Logistiker, die juristisch nicht mal direkt zum Konzern gehören.
Wo immer so ein Riese wankt, steht sogleich ein anderer bereit, um ihm freundlich ein Bein zu stellen . Nicht unbedingt aus Bosheit.

Das ist das ewige Gesetz. Geld! Schuldverhältnisse! Es gibt kein Zögern, kein Verzeihen, keine Gefangenen. Die Mannesmann / Vodafone - Übernahme 1999 ist ein Beispiel, die VW-Dieselkatastrophe ein anderes. Oder glauben Sie im Ernst, daß die US Autoindustrie da nur so zugesehen hat? Stöbern Sie im Wirtschaftsteil, es gibt genug andere Exempel.

Die Konzentration von gigantischen Schuldverhältnissen (Geld), wie sie heute für Großunternehmen kennzeichnend ist, führt praktisch ohne Umweg in einen Wachstumszwang. Der Zwang zur Gewinnmaximierung hat irgendwann nicht mehr (allein) mit Gier zu tun, er wird zum Fluch. Die Folge sind Geschäftspraktiken, die zum Himmel stinken.
Machen Sie wieder den Selbstversuch. Sie erreichen praktisch kein großes Unternehmen mehr „einfach so" per Telefon. Schon gar nicht, wenn es um Ihre Interessen als Kunde (als Gläubiger!) geht. Sobald Sie in Vorleistung getreten sind und die zugesagten Leistungen ins Stocken geraten oder ganz ausbleiben, landen Sie in den demütigenden Warteschlangen der „Hotlines" oder in anderen tückischen Dienstleistungsverhinderungs-Systemen. Häufig sogar kostenpflichtig. Sie bezahlen also

auch noch für den Versuch eine mangelhafte Leistung einzuklagen.
Das sind Geschäftsmethoden wie sie früher nur von Schnapsschmugglern, Waffen-, Mädchen- oder Drogenhändlern praktiziert wurden. Nämlich sich unsichtbar zu machen, sobald unerwünschte Fragen auftauchen, aber beim Kassieren penetrant präsent zu sein.
Dazu gehört auch der sattsam bekannte Etikettenschwindel in der Lebensmittelbranche, die Sklavenarbeit bei Versandhändlern und das betrügerische Aufblasen von Schuldverhältnissen sozialer Netzwerkbetreiber oder auf dem Immobilienmarkt.
Erinnern Sie sich: Kaum war Marc Zuckerberg mit seiner Facebook – Aktie an die Börse gegangen, brach sie auch schon ein. Nach ein paar Wochen hatte sich der Wert fast halbiert. Diese „sozialen Netzwerk – Zecken" hatten bei der Bewertung ihres Papiers nicht die tatsächlichen, sondern die hochgerechneten, zu erwartenden, Werbeeinnahmen zu Grunde gelegt. Böser, böser Zuckerberg?

Leider nein. Zu einfach! Mal abgesehen davon, daß diese Praxis der Bewertung üblich ist. Wir selbst, höchstpersönlich, sind die krankhaften Wachstumsbeschleuniger. Wir alle wollen an exotischen Orten urlauben und dort saubere

Klos, erlesene Delikatessen, klimatisierte Quartiere und gefügige Sklaven vorfinden.
Das Filet, die Möhrchen, die Eier, der Thunfisch, möchten bitte biologisch kontrolliert sein. Kosten darf das alles nix.
Unser modernes Konsumparadies basiert auf einem monströsen System der gegenseitigen Erpressung. Konzern gegen Verbraucher und umgekehrt. Das scheißfreundliche Lächeln der Verkäuferin an der Fleischtheke täuscht nur mühsam darüber hinweg, daß hier einer die Hand an der Gurgel des Anderen hat.
Ist das Schweinefilet nebenan 10 Cent billiger, geh´ ich eben da hin. Bekomme ich den Leihwagen hier für 18,00 EUR am Tag, kann der Vermieter mit 19,50 EUR in die Röhre gucken. Bohrmaschine 49,90 EUR??? Und tschüss!
Der Mediamarkt hält unangefochten die Spitze der Perversion. In einem Werbespot (November 2010) zertrampelt Mario Barth des Kunden Videokamera, damit der einfach eine nagelneue kaufen kann. Der bietet danach sogar noch sein Mobiltelefon zur Vernichtung an.
Das Bittere daran ist die Nähe zur Wirklichkeit. Und das Faszinierende daran ist die Willenlosigkeit, mit der sich die Gesellschaft zur Gänze dieser „Schwerkraft" der Schuldverhältnisse ergibt. Ohne Not! Alte Menschen stehen diesem Phänomen oft verständnislos

und kopfschüttelnd gegenüber. Menschen, die häufig mitleidig belächelt werden, weil sie so unbekümmert vor ihrer 60 Jahre alten Grundig Musiktruhe hocken. Die konnten noch eine Postkarte an Herrn Grundig schicken. Ein paar Tage später kam ein Ersatz - Drehknopf für die Lautstärke an. Mit einem freundlichen Schreiben, nicht vom „KI" Computer, von richtigen Menschen.
Die wirklich verbrecherischen Auswüchse des heutigen Wachstumszwanges durch Börsen Bitcoin & Co haben wir hier nicht mal erwähnt. Auch nicht die Heere von Lohnsklaven in Asien, Indien und Afrika, die den Bilanzausgleich unserer Wohlfahrt sowohl buchhalterisch als auch körperlich ertragen müssen.

Hier bleibt nüchtern festzustellen: Riesige Konzentrationen von Schuldverhältnissen, also Großunternehmen, Konzerne und Banken, gehorchen den Gesetzen der Schwerkraft. Sie zwingen alle Körper in ihrer Nähe (kleinere Schuldverhältnisse) in eine Wachstumsgravitation, die sie mindestens zu Trabanten macht. Wenn solche Riesen aufeinander krachen, gibt es entweder eine noch größere Konzentration von Schuldverhältnissen (Opel/Peugeot) oder (selten) deren Zersplitterung. Vernichtet werden die Schulden dabei

nie! Deshalb kann die Gesellschaft (der Staat) derartige Ereignisse auch nicht ignorieren. Das ist, was die Politiker „systemrelevant" nennen. Das ist außerdem, was nüchterne Beobachter „das Ende des freien Marktes" nennen.
Und - ganz wichtig: Dieser Zustand ist nicht von irgendwelchen fiesen Verschwörern über die Menschheit verhängt worden. Er ist gesellschaftlicher Konsens und wird nach allen großen Zusammenbrüchen immer wieder hergestellt.
Noch schlimmer: Während einige Grüppchen in den westlichen Industrieländern wenigstens beginnen, das kranke System kritisch zu hinterfragen, erheben sich in Indien, Mittelost, Asien und Afrika ganze Völkerschaften. Sie wollen alle Smartphones, Kleinwagen, Flachbildfernseher, Eigenheime und Pizzaservice. Sie wollen alle die bunten Glasperlen einsammeln, als Lohn für ihre elende Schufterei oder eben ganz ohne Schufterei. Die „Besserverdiener" unter den Hungrigen leisten sich bereits jetzt die Überfahrt und kommen scharenweise nach Europa um vorab zu kassieren.

Wachstum und Euro

Politische Äußerungen zur Frage pro oder contra Euro sind eigentlich nicht Gegenstand dieser Untersuchung. Da wir aber zufällig gerade den Geldbegriff entwirren, wäre es doch Verschwendung diesen Vorteil nicht zu nutzen. Es erklärt sich nun nämlich fast von selbst, wieso es überhaupt zum Euro kommen mußte.

Die Legenden um die Euro – Einführung sind mal spannend, mal unterhaltsam, mal blödsinnig. Sehr gern wird geglaubt, der Euro sei der Tribut für die deutsche Einheit gewesen. Oder internationale Machteliten wollten ganz Europa unter eine einheitliche Zinsknechtschaft zwingen. Einige Deppen glauben tatsächlich, der Euro sei nur eingeführt worden, um im Urlaub die Landeswährung nicht mehr wechseln zu müssen. Vergessen Sie´s.

Problem „Staatsschulden“

Auch Staaten machen Schulden. Auch Staaten unterliegen dem Wachstum. Staatsschulden stellen zwar eine Sonderform von Schuldverhältnissen dar, aber das hat keinen Einfluß auf die Gesetze der „Schwerkraft“ von Geld, die wir gerade kennen gelernt haben.
Wenn schon Konzerne gewaltige Ansammlungen von Schuldverhältnissen mitschleppen und vor sich her schieben, was für Gebirge

von Schulden produzieren dann erst Staaten. Seit dem Ende des 1. Weltkrieges ist die Idee von einer Gold gedeckten Währung oder einem ausgeglichenen Staatshaushalt erledigt. Eine Gold - Deckung ist auch nicht unbedingt nötig, um eine gesunde Währung zu unterhalten. Bodenschätze und Goldreserven sind zwar schöne Voraussetzungen aber keine Garantie, wie man auch am traurigen Beispiel Venezuela sehr schön sehen kann. Die Summe der Leistungen in einer Gesellschaft und die Verläßlichkeit der Tilgungen decken in modernen Marktwirtschaften eine nationale Währung. Das ist es, worauf sich die Notenbanken stützen, wenn sie vom „Volk“ per Gesetz ermächtigt werden, Scheine und Münzen für den Schuldendienst auszugeben. Eine Gesellschaft, die fleißig produziert, verkauft und kauft, schafft sich ihre solide Währung selbst. So stand es jedenfalls mal auf der Verpackung.

Leider sitzen in Regierungen Leute, die selbst absolut nichts produzieren, sondern nur verwalten. Nämlich Geld (Schulden). Das ist soweit nicht schlimm, solange die Ausgaben der öffentlichen Gelder, für Schulen, Straßen, Soldaten oder Bedürftige, die Einnahmen (Steuern, Abgaben, Bußgelder, Gebühren, Notenbankgewinne...) nicht wesentlich übersteigen.

Man muß sich aber klar darüber sein, daß jede einzelne Mark (z.Zt. Euro) von den Steuerzahlern den Politikern zu treuen Händen, in Vorleistung, überantwortet wird. Dieses Geld gehört eigentlich dem Steuerzahler, dem Wähler. Die öffentlichen Kassen sind die Schuldner des Steuerzahlers.
Was daraus in der Praxis geworden ist, können Sie wieder bei Paul C. Martin nachlesen, „Wann kommt der Staatsbankrott" 1983 .
Doch seine Argumentation offenbart auch einen beliebten Sehfehler. Für ihn ist „Staat" ganz einfach: Politiker, die entscheiden und Beamte, die das ausführen. Das Ganze kostet ein Höllengeld und nutzt häufig nur den Politikern selbst. Stimmt, das kennen wir alle.
Aber - der „Staat" kommt da irgendwie vom Mond. So wie für Karl Marx das „Geld".
In einem kleinen Beispiel, ähnlich wie mit unserem frühgeschichtlichen „Mustervati", erklärt Martin, wie es zum Staat kam: „...Eines Abends kam ein Fremder in das Dorf, sagte - Guten Abend, ich bin der Staat, ich kann euch helfen. Gebt mir nur die Macht... ".
Das Bild ist schief. Es kommt keiner in das Dorf und will „Staat" machen. Es ist nicht mal ein Fremder. Es ist das Dorf selbst, das „Staat" machen will. Da blitzt etwas von der „Staats-

feindlichkeit" des Herrn Martin durch, wofür ich vollstes Verständnis habe.
Verwunderlich ist das nämlich nicht. Denn fest steht, daß die Verwaltung öffentlicher Ausgaben sich vollkommen von den Prinzipien seriöser Buch- und Geschäftsführung – und von den Leistungsmöglichkeiten der Gesellschaften entfernt und schließlich abgekoppelt hat.
Wie spielsüchtige Saufköppe müssen die Staaten, genauer gesagt die Finanzminister und Notenbank – Chefs, versuchen Geld aufzutreiben, das sie längst verpraßt, aber noch nicht eingenommen haben. Und nie mehr einnehmen können.
Die Manöver, die sie hierzu ausführen, erfüllen mittlerweile alle Voraussetzungen schwerer Straftaten. Allerdings: Mit einer Zweidrittelmehrheit im Parlament wird aus einer Straftat plötzlich ein Gesetz.
Dies ist denn auch der wesentliche Unterschied zu privatwirtschaftlichen Unternehmungen, die sich gelegentlich noch für ihre kriminellen Methoden vor Gericht verantworten müssen. Hier liegt auch die (verständliche) Motivation, warum sich riesige Konzerne und Banken, gleichberechtigt neben den Staaten, außerhalb von Moral und Justiz etablieren

wollen. Um jede Form von Schuldverhältnissen zu legalisieren.
Die Manövriermasse des Staates ist der Steuerzahler. In vorderster Linie der kleine und mittlere Unternehmer und völlig hilflos ausgeliefert der versicherungspflichtig Beschäftigte. Er ist der Staatsmacht hoffnungsloser preisgegeben als der leibeigene Bauer vor 1000 Jahren.
Staaten sind gegenüber mittleren Unternehmen immer im Vorteil. Sie können Schuldverhältnisse erzwingen ohne eine konkrete Leistungszusage . In der Marktwirtschaft heißt das Betrug, der Staat nennt das z.B. „Energiewende" oder „Pandemie…" .
Das ist leider gar nicht polemisch gemeint. Nicht wenige haben das Spiel durchschaut. Nur noch etwas mehr als 50% der Wähler sind bereit, dieses System per Stimmzettel zu bestätigen. Der Vertrauensvorschuß den Politiker genießen, liegt nur knapp über dem von Kinderschändern.
Das vernünftige und unverzichtbare System der Besteuerung, ist in den letzten 40 Jahren zu einer Hochdruck – Bluttransfusion für einen Siechenden verkommen. Es geht nur noch am Rande um Betrieb und Instandhaltung von öffentlich bedeutsamen Einrichtungen und Dienstleistungen. Auch die angeblich „reich-

lich sprudelnden“ Steuereinnahmen (Quelle: Propagandaministerium...) ändern daran nichts. Weiterhin beträgt die Staatsschuld in Deutschland uneinbringbare 2,5 Billionen Euro. Billionen!!!

Permanentes Kernproblem ist die Beschaffung von Krediten, auf abenteuerlichste Weise, um eine wahrhaft monumentale Bugwelle von Schulden weiter voranschieben zu können. Denken Sie nur an die sogenannten Kommunal-Swaps oder die Rückverpachtung ganzer Straßenbahnnetze oder Wasserleitungssysteme an ausländische Investoren, nur um den Schuldendienst aufzuschieben.

Diese Bugwelle wächst dabei stetig an. Die Frage ist nicht ob, - sondern wann sie vernichtend über uns allen zusammenbrechen wird. Schreckliche, aber treffende Einzelheiten dazu können Sie nachlesen bei Friedrich und Weik, „Der größte Crash aller Zeiten“.

Es wäre aber zu billig „den Staat“ oder „Die da oben“ verantwortlich zu machen. Schon der kleine Lokalpolitiker, der ein Schwimmbad oder eine Beratungsstelle einsparen möchte, wird abgestraft durch Stimmentzug. Stimmentzug durch „mündige Bürger“ und Steuerzahler. Die Betrogenen wünschen ausdrücklich die Fortsetzung des Betruges und sie bekommen, was sie verdienen. Zum Beispiel den Euro.

Euro - Folge der Überschuldung

Bereits zu Anfang der 70er Jahre sehen sich alle europäischen Länder vor gewaltigen Schuldenbergen. Das wäre die Chance für einen Schuldenschnitt gewesen. Schuldenschnitt bedeutet immer den Verzicht auf Entschädigung/Tilgung für Vorleistungen. Für viele Menschen in Europa hätte das schon damals den Verzicht auf die Früchte eines ganzen Arbeitslebens bedeutet. Immerhin hätte jedes Land diese „Währungsreform" in eigener Verantwortung und auf eigene Rechnung durchführen und mit einer echten, gesunden, schwarzen Null wieder starten können. Aber verzichten ist nichts für den mündigen Wähler in der modernen Konsumgesellschaft.

Um Währungszusammenbrüche und Tumulte hinauszuzögern, gab es nur einen Ausweg für die EU - Länder: Einen Dritten zu finden, der für die eigenen Schulden aufkommt.

Das ist die Geburtsstunde des Euro. Helmut Schmidt und sein Freund, der französische Staatschef Valery Giscard d´Estaing waren vor über 40 Jahren die Architekten der Gemeinschaftswährung. Aus naheliegenden Gründen wurde man sich schnell einig. 1979 wird das EWS (Europäische Währungssystem) etabliert. Ein paar Jahre später der „ECU", als rechnerisch - theoretischer Vorläufer des Euro. Ab 2002 gibt die „Europäische Zentralbank" in Brüssel (jetzt Frankfurt) die Gemeinschaftswährung offiziell heraus.

Für die europäischen Investoren und Großbanken eine erfreuliche Entwicklung. Denn eine grenzübergreifende Währung mußte automatisch auch frei sein von den letzten Fesseln nationaler, gesetzlicher Beschränkungen. In deren Chefetagen wußte man sehr genau, was der Euro bedeutete: Der Startschuß zu einem gigantischen Rennen der Schuldenmonster. Der Letzte würde auf seinen Schulden sitzen bleiben. Heute, 40 Jahre später, nach Abschaffung der Zinsen, was praktisch die Aufgabe der Währung bedeutet, zeichnet sich ab, wer ungefähr das sein wird. Alle, die gearbeitet - geleistet - haben!

Das Gefasel von der „politischen Integration", vom gesamteuropäischen Gedanken, ist bestenfalls eine Professorenidee. Fast nichts davon ist Wirklichkeit. Die Menschen in Europa spüren statt dessen Fesseln, Vorschriften, Gebühren, Bußgelder, Verbote, Schikanen oder EU - Abgaben. Nicht mal so etwas lächerliches wie eine EU - KFZ - Zulassung, Führerscheine, Sozial- oder Krankenversicherung konnten realisiert werden. In 30 Jahren! Kanzler(in) Merkel drohte sogar: „Ohne Euro kein Europa“. Das sind schon Parolen wie einst aus dem Führerbunker. Kein Wunder also, wenn auf anti-Merkel Demos im EU-Ausland der „häßliche Deutsche Kanzler“ mit Hakenkreuzfahne gezeigt wird.

Der Witz des Euro liegt in der Haftungsgemeinschaft - **liegt in der Vorstellung jedes Schuldners, über die Leistungszusagen anderer Mitglieder der Haftungsgemeinschaft zum Gläubiger werden zu können**. Um das zu erreichen, wird auch vor Fälschung und Betrug nicht zurückgeschreckt. Natürlich waren die frisierten Haushaltsvorgaben Griechenlands von Anfang an bekannt. Sie gingen vor über 20 Jahren schon durch die Fachpresse. Kritiker und Warner wurden belächelt. Denn das ganz große Geschäft auf dem Weltmarkt, mit gepumptem Geld war wichtiger. Im Juli 2015 ist es den Griechen tatsächlich gelungen vom Schuldner zum Gläubiger zu werden. Der Sinn der Haftungsgemeinschaft ist auf den Kopf gestellt. Die EU - Stümper müssen für raffinierte Trickser weiterhin leisten, also zahlen. Zu Recht!

Der natürliche Gegner des Euro ist der US - Dollar und sein Wirtschaftsraum. Zwei Schulden - Giganten krachen aufeinander. Das Vergnügen, an diesem Spiel in erster Reihe teilnehmen zu dürfen, setzte gleichfalls den Euro voraus. Dieser Logenplatz ist nicht billig. Er wurde uns auch abgeschwindelt mit der platten Drohung „unser aller Wohlstand hänge von der Gemeinschaftswährung ab". Sie brauchen aber nur mal nach Kopenhagen, Zürich oder London fahren. Dort finden sie Menschen, die auch nicht gerade Gras fressen müssen.

Aber um diesen Logenplatz geht es eben. So erklärt sich auch das verbissene Festhalten am Euro - um jeden Preis.

Was kann man erwarten? Wenn schon vor 40 Jahren der Schuldendruck der Völker, anstatt zu einer vernünftigen Tilgung, zu einer hoch potenzierten Aufstockung der Schulden per Gemeinschaftswährung geführt hat. Wem soll man heute beichten, daß die billionenschweren „Rettungsschirme" nichts sind als Drahtgestelle, in die es einfach reinregnet und unter deren „Schutz" abgewichste Experten schnell noch aufgepumpte Schuldverhältnisse in reale Leistungen umwandeln? Solange das noch geht.

Aber niemanden scheint das groß zu jucken. Also lassen wir das. Statt dessen fasse ich zusammen;

Die Konzentration von faulen Schuldverhältnissen erzwingt die Schaffung weiterer fauler Schuldverhältnisse!

Im Ursprung war die reine Selbsterhaltung. Leider ließ die Gier nicht lange auf sich warten. Sie zieht sich seither wie ein roter Faden durch die Geschichte der sogenannten Zivilisation.

Motor der Geld–Konzentration, in der gegenwärtigen Industriegesellschaft, ist die weiter abnehmende Bereitschaft (oder Fähigkeit) Schuldverhältnisse einzugehen, die der Leistung wirklich angemessen sind!

Diese Art Leistungen können aber nur noch von riesigen Konsortien, Handels-Konglomeraten und Industrie-Trusts einigermaßen kostendeckend geliefert werden. Denn der mickrige Blumenkohl vom Biobauern nebenan ist für den Normalverdiener zu teuer. Das Zynische daran ist, daß all das Gefasel von regionalen Produkten, Öko, Bio und Nachhaltigkeit, eigentlich nur für Besserverdiener bezahlbar bleibt. Lehrer, Rotgrüne Politiker, Beamte, Filmstars und die Schwätzer aus den Qualitätsmedien. Der „Masse", die tatsächlich „leisten" muß, bleibt weiterhin nur

der Gang zum Großkonzern und die „Inkaufnahme“ des dort praktizierten Etikettenschwindels.
Diese Handelsriesen haben inzwischen die Bedeutung und Machtfülle von ganzen Staaten erreicht und wünschen selbstverständlich, genau wie diese Staaten, juristisch immun zu sein.
Sie wünschen vor allem auch buchhalterisch gedeckt zu sein. Diesen Zweck erfüllt (vorläufig) der Euro. Denn hinter ihm steht nun eine Haftungsmasse von rund 500 Millionen konsumierenden Rudersklaven. Gefällt nicht?
Aber so ist es. Sie, ich, Luigi in Rom, Andreas in Athen, Carmen auf Ibiza, Josephine in Paris, sind die Haftungsmasse für den Euro. Beschweren Sie sich nicht, Sie haben gewählt! Ganz egal was Sie gewählt haben, Sie haben einen verdammten Vertrag unterschrieben und Sie werden dafür zahlen.
Das ist jetzt vielleicht der Augenblick, in dem man mal darüber nachgrübeln könnte, warum gerade England, der älteste Profi auf dem Geldmarkt, nicht zu dieser Haftungsmasse gehören möchte.

Die Reichen immer reicher ?
Die Armen immer ärmer ?

Hört sich irgendwie nach Parole an. Trifft aber irgendwie zu. Aber eben nur „irgendwie" und nicht „einfach so". Leider wird sie meist nur als politische Phrase mißbraucht, von Figuren, die nicht wissen wovon sie reden - oder noch schlimmer - die es sehr genau wissen. Die Tatsache als solche zu erkennen, bedeutet noch lange nicht die Ursachen begriffen zu haben. Wenn das Wasser im Zwischendeck der Titanic steigt, ist es erbärmlich den Oberkellner der 1. Klasse anzuschnauzen.

Das „Leck" sitzt tiefer! Es ist Gegenstand dieses Büchleins, nämlich das völlige Unverständnis von Geld.

Die Ursache der Misere hängt mit der unabwendbaren „Schwerkraft" des Geldes zusammen und mit der genialen Erfindung der „Finanzprodukte". Aber über allem steht das große Menetekel aller Konsumenten (S. 122 fettgedruckt)!

Wir alle helfen fleißig mit, die „Reichen immer reicher" zu machen. Der große Investor will immer mehr Leistung, für immer weniger Schulden (z.B. Lohn, Nebenkosten, Steuern, Zölle…).

Und der mickrigste Gläubiger (z.B. Lohnempfänger), will für die paar Kröten am Monatsende möglichst den Lebensstil vortäuschen, der ihm im Stundentakt in den Medien und allen Pöbelnetzwerken aufgedrängt wird. Wie erschütternd klein die Zahl derer ist, die noch ihr eigenes Hirn nutzen möchten, können Sie u.a. bei Thomas Wieczorek, „Die verblödete Republik", nachlesen.
Der ganze „Rest" will konsumieren, wegwerfen und sofort wieder konsumieren. Die bittere Ironie liegt im Konsum von „Fair" oder „nachhaltig produziertem" Ramsch, bei gleichzeitiger Kapitalismuskritik. Was dem mündigen „Grippepatienten" Weltfrieden oder „CO2 Reduktion" wirklich wert sind, zeigt sich, wenn eine sogenannte Pandemie angeordnet wird oder endlich wieder mal ein Rußlandfeldzug.

Je toller wir es aber in unserem kranken Konsumkarussell treiben, desto jämmerlicher existieren jene, die nicht mitfahren dürfen.
Denn Schulden (Gelder) sind untrennbar mit „Bilanz" verbunden.

Die Bilanz aber paßt immer! Wenn wir hier nicht mehr mit sieben Fleischgängen und ein paar Millionen ffp2 Masken pro Woche aus-

kommen, - dann müssen eben irgendwelche Völker Sand fressen.
Damit hier keine falschen Hoffnungen aufkommen: Die grüne, vegane Veggie Industrie wird längst von den o.g. Konzernen dominiert. Mit verlogenen Phrasen von gesunder, grüner Ernährung, werden neben „bösen, gedankenlosen Fleischessern" nun noch Massen von dummen, gedankenlosen Kunststoffessern rekrutiert.
Womit wir bei den politischen Phrasen wären. Denn die Politik reagiert auf all das genau so, wie man es von einer beschränkten Prostituierten erwarten kann. Auf keinen Fall wird sie das böse, schreckliche K-Wort in den Mund nehmen:
Kassensturz - und zwar Kassensturz, plus nationaler Währungsreform (bedeutet Abschreibung fast aller Forderungen). Das wäre die sehr dürre, aber einzige Chance, einem gewaltigen Massaker, direkt in unseren hübsch dekorierten Einkaufsstraßen und Supermärkten zu entgehen.
Das setzt aber (von Allen !!!) sehr hohe Leistung bei minimaler Tilgung voraus. Über Jahrzehnte.
Statt dessen tritt Europa in blinder Verzweiflung aufs Wachstumsgas. Denn Millionen Fahrgäste besteigen gerade auf großdeutsche

Einladung hin unser Konsumkarussell. Ohne Fahrgeld zu bezahlen oder es jemals verdienen zu können. Sie sollen („...nun sind sie halt da“, Zitat - Kanzler/in Merkel) gefüttert, gekleidet, einquartiert, aber ansonsten nicht belästigt werden.

Es sind die, „die immer ärmer werden“. Gestrandet bei denen, die immer dümmer werden – und das Rennen verlieren werden.

Es gibt also keinen Grund grantig zu werden, das (Geld) System ist unerbittlich und richtet nun auch die „Reichen“ hin.

Diese „Reichen“, damit da keine Mißverständnisse aufkommen, sind zwei runde Milliarden Konsumverrückte, der sogenannten westlichen Wertegemeinschaft. Sie und ich! Zwei weitere Milliarden in Asien und Afrika schicken sich an, gleichfalls den Planeten mit Ottomotoren, Flachbildschirmen, Kraftwerken, Elektroautos, Plastikspielzeug und anderem Wohlstandsschrott voll zumüllen.

Um hiervon abzulenken, möchten uns bestimmte Ideologen Glauben machen, allein die Megakonzerne seien die bösen Reichen, also der Feind. „8 Männer (natürlich immer nur Männer) besitzen so viel, wie die ärmere Hälfte der Weltbevölkerung“, ist eine beliebte Lieblingsanklage bemühter Gutmenschen. Das mag rein rechnerisch stimmen.

Aber im sogenannten richtigen Leben stellt sich der Jammer anders da: Da nämlich die verbleibenden vier Milliarden armen Würstchen wenig oder fast nichts ihr eigen nennen, besitzt schon ein mittlerer Angestellter aus München oder Bad Salzuflen so viel wie ganze Dorfgemeinschaften in den Elendsgebieten der Erde. Er und besonders seine Frau, sind also so schuldig oder unschuldig, wie diese „8 superreichen Männer". Davon haben wir ein paar mehr als nur „8". Es sind die 2 bis 3,5 Milliarden Figuren weltweit, die arbeiten, investieren, entwickeln und Steuern zahlen und aus denen diese „8 Männer" hervorgegangen sind. Es ist die „Klasse", die all das geschaffen hat: Verkehr, Versorgung, Komfort, Kultur und etwas Sicherheit. Allein Deutschland ist offensichtlich dumm genug und entschlossen, all das ohne Gegenleistung aufzugeben, für die restlichen 4 Milliarden „Weltmitbürger" die nicht leisten können oder wollen. Ja sogar dumm genug alle diese 4 Milliarden offiziell zu sich einzuladen.

Die übrigen Leistungsträger der Welt (und der EU) werden einen deutschen Sonderweg nicht noch einmal mitmachen und sich für moralische Herrenrassen - Phantasien in den Abgrund reißen lassen. Wenn Deutschland das ewige Geld-Verdikt von Schuld und Leistung auf den Kopf stellt, wird man sein Verschwinden als Leistungsträger aufatmend willkommen heißen.

So etwas werden Sie weder von Politikern noch in „kontroversen“ TV Quatschrunden zu hören bekommen. Niemand wird mehr eingeladen, dem so etwas herausrutschen könnte. Das „Propagandaministerium“ funktioniert heute so gut wie vor 80 Jahren, aber noch viel besser seine Zielgruppe, die hirntot auf das Smartphon starrt.
Und da steht nix von Vernunft, Maß halten, Verzicht oder gar Bilanzbereinigung. Da steht: mehr, schneller, größer, billiger und zwar sofort per Amazon oder Lieferheld.

Klar, alle wollen immer diese „8 reichsten Männer“ ärmer machen oder zur Umverteilung zwingen. Alles große Maulhelden, wenn es darum geht im Bekanntenkreis nachzusprechen was TV und Netzwerke so absondern. Danach geht´s ab ins neue, spottbillige Sushi Restaurant. Dort wird unter ständigem Klugscheißen aufgefuttert, was schwindsüchtigen Fischern in ihren rostigen Klapperkähnen im Indischen Ozean oder Chinesischen Meer, von satellitengesteuerten Fangflotten weggefischt wurde. An der Spitze rücksichtsloser Umweltzerstörer finden wir auch „deutsche", grüne Wählerhaushalte. Fast durchweg Besserverdiener auf Staatskosten, mit einem Auto für jeden pro Haushalt (Ruß gefiltert!) und einer verheerenden „Ökobilanz" was Kommunikationstechnik, Flugreisen, „nachhaltiges" Luxusfutter und romantische Selbstbefriedigung mit Greta betrifft.

Hier zeigt sich die ganze Tragödie der Zerrissenheit unserer Spezies. Einerseits denkender, verstehender Mensch. Seit Jahrtausenden voll ausgestattet mit allem, was nötig wäre, um sicher, gemütlich und in Wohlstand zu leben. Aber immer wenn es wirklich drauf ankommt, jeder Zoll ein tumber, gewaltbereiter Ochse. Unfähig das unbestreitbar Großartige, das wir ja gelegentlich zustande bringen zu bewahren, unfähig die primitivsten Zusammenhänge zu erkennen oder zu akzeptieren, unfähig das Fernglas zu benutzen, wenn wir wieder mal eine Runde mit der Titanic drehen wollen.
Die Wenigen, die verstanden haben, finden sich mit dem Rücken an der Wand, belächelt, als Querdenker verächtlich gemacht, verleumdet und bedroht von einer gedankenlosen Medienherde, die sich, um dem Zynismus

die Krone aufzusetzen, auch noch für „couragiert“ hält.
Und vergessen Sie dieses Märchen, „das Geld sei an allem Schuld“.
Denn tatsächlich gehört die Art, wie wir das unentrinnbare Schuldsystem domestiziert haben auch zu unseren großartigen Leistungen.
Dazu gehörte einst die fundamentale Einsicht: Das „Geldsystem“ spielt nicht nach unseren Regeln – es zwingt uns die Regeln auf. Aber Regeln befolgen und sich fügen, daß ist nichts für den modernen Konsumenten, schon gar nicht für den Homo Digitalis. Und schon gar nicht für den psychopathisch - sozialromantischen „Deutschen“.
Die Konzentration immer größerer Profite auf immer weniger Superreiche, scheint in anderen Regionen der Welt weniger schreckliche Zerwürfnisse anzurichten. In Indien z.B., wo weltweit die meisten Milliardäre beheimatet sind, wächst die Mittelschicht seit Jahren kräftig an. Bereinigt von unseren größenwahnsinnigen Vorstellungen von Konsum und Einkommen, weist der National Council for Applied Economics Research (NCAER) für Indien eine Mittelschicht von ca. 300 Millionen Menschen aus. Tendenz stark steigend. Diese Erscheinung findet sich im ganzen zukunftsorientierten, asiatischen Raum.

Vielleicht sind es ja nicht nur diese 8 Superreichen, die im alten Mitteleuropa alles kaputtmachen. Vielleicht ist es ja speziell in Deutschland eine geradezu geisteskranke Politik, die zwar kulturelle Vielfalt verhängt, aber jede wirtschaftliche Vielfalt (den Mittelstand) erwürgt. Mit lächerlichen Vorschriften, Gebühren und Gesetzen, vom Datenschutz bis zum Gender-Klo.
Könnte es dieser Irrsinn sein, der die innovativen Leister aus dem Land treibt und somit das Feld den Konzernen überläßt? Ausgerechnet den „8 Männern", die zwar medienwirksam von Nachhaltigkeit und lokalen Produkten faseln, die aber als völlig ungebundene, globale Wanderhyänen nicht das geringste Interesse an dieser „Blut und Boden – Scheiße" haben!
Wenn Sie also diese „8 superreichen Männer" mal so richtig ärgern oder ärmer machen wollen, dann bestellen Sie das neue Sofa, den größeren Zweit-SUV (Ruß gefiltert), das ayurvedische Wellness-Wochenende, die Silikon – Titten, das Fünfthandy, den Dreimeter HD-3D Superflachbildschirm und den ganzen anderen Schrott ein Jahr später oder gar nicht.
Wie Sie das Ihrer Frau und den Kindern erklären, ist allerdings Ihre Sache…

GELD AUS LUFT

Vorhin haben wir einigen Herrschaften die Backen stramm gezogen, weil die behaupten, Notenbanken, sogar Geschäftsbanken würden Geld „einfach so machen". Das haben wir bei Fritz Glunk, bei Paul Grignon oder Bockelmann schon gehört und es wird nachgesprochen, von allen die voll cool sein wollen.
Aber was da so aus den Flachbildschirmchen ins Freie quillt, ist meistens so flach wie die dazugehörigen Bildschirmchen.

Sie alle klammern sich an diese sogenannte Erkenntnis, wie ein Schiffsbrüchiger an eine Haifischflosse. Warum machen die sowas?
Weil dann alles so schön einfach wird. Einfache Leutchen brauchen einfache Erklärungen: Die Banken sind schuld! Die Banken sind die Bösen!

Es liegt auf der Hand, was die mit „gemachtem Geld" tatsächlich meinen, aber leider nicht verstanden haben und deshalb auch nicht korrekt ausdrücken können.
Die meinen „nicht gedeckte Leistungszusagen". Das haben aber keine fiesen Banker erfunden, sondern lange vorher ganz „normale Menschen".

Die älteste Form der nicht gedeckten Leistungszusage finden wir in der Religion: Das Tempelopfer.
Das ist weniger witzig, als es sich zunächst anhört. Wie wenig witzig das ist, wird gleich noch bitter aufstoßen.
Die Gemeinde versammelt sich also vor dem Heiligtum. Sie opfert sauer erarbeitete Früchte, weil sie dran glaubt, daß die Götter im Gegenzug reichere Ernten, große Siege und Wohlstand schenken werden. Sehr häufig müssen die Gläubigen dann auch tatsächlich „dran glauben". Die Ernte verhagelt, der Nachbarstamm poliert ihnen allen die Schnauze, der wirtschaftliche Niedergang ist besiegelt. Das Opfern, Beten und Arbeiten (ora et labora!), die „Investition" (!), war vergeblich.
Es wird immer geopfert, in Erwartung von Zinsen bzw. Rendite. Im Fall Religion sind die materiellen Investitionen durch nichts gesichert. Es ist eben auch glücklicher Zufall, wenn die Ernte fett ausfällt. Wenn Sie versuchen, das dem Oberpriester zu erklären, wird man Sie wegen Ketzerei verhaften und vorläufig anzünden.
Es kommt aber noch besser. Wenn Sie das ärmste Gemeindemitglied über diesen „Schwindel" aufklären, trifft Sie der ganze Haß einer verzweifelt glaubenden Seele. Sie

schaffen es nicht mal lebend bis zum Gartentor. Die magere, schwindsüchtige Familie wird Sie vorher zerreißen.
Wie kommt das? Was diese scheinbar Verrückten zu ihrer Bluttat treibt, ist unverzinster Schuldendruck! Nullzinspolitik! Trotz größter Opfer darben diese Leute im Elend oder kommen gerade so rum. Die Frage nach dem „Warum" beantwortet sich für die ganz klar: Die Opfer waren nicht groß genug! So wurde es ihnen in der Tagesschau verkündet. Dann aber kommen Sie und ziehen deren ganzes Leben, Werk, Arbeiten und den Glauben dieser Unglücklichen mit Ihrem säkularen Geschwätz in Zweifel. Klarer Fall, Sie sind ein Querdenker! Sie werden gelyncht.
Also: Das Festhalten an einem ungedeckten Schuldendienst schafft Geld aus dem Nichts, es ist genaugenommen –Falschgeld- !

Wie schön, werden Sie sagen, daß vernünftigen, mündigen Bürgern heute so etwas nicht mehr passieren kann. Ein bitterer Irrtum! Frühere Gesellschaften mögen an Manitu, Pachacamac oder Vishnu geglaubt und geopfert haben. Die haben sich kaum so lächerlich gemacht, wie die heutige, digitale Konsumgesellschaft, die in völliger Abkehr von jeglicher Wissenschaftlichkeit, an das heilige CO2-

Opfer glaubt, das die Welt retten soll. Dieser Rückfall in prähistorische Rituale stellt den vorläufigen und unerklärlichen Tiefpunkt unserer sogenannten Zivilisation dar, die freilich auch früher schon oft - aber doch wenigstens nachvollziehbar - auf dem Holzweg war.

Apropos Holzweg. Erinnern Sie sich noch an den Zusammenbruch der Philipp Holzmann AG ?

Geld aus Luft - Holzmann AG

Der Bauriese war rettungslos verschuldet und so gut wie tot. Die Banken mochten keinen Pfennig mehr für das Unternehmen geben. Da sprang Kanzler Schröder als edler Retter herzu. Er bot den Banken eine Sicherheit des Bundes in Höhe einer viertel Milliarde Mark. Die ließen sich erweichen und gewährten Holzmann weitere Kredite in Milliardenhöhe.
Die Besicherung des Bundes kam nie zur Auszahlung. Sie sollte Banken und Gläubiger von Holzmann lediglich „glauben machen" es ginge weiter.
So wird „Geld aus Luft" gemacht. Nicht die bösen Banken hatten „Geld (Falschgeld) einfach gemacht". Sondern der Wähler, damals repräsentiert durch Gerhard Schröder.

Es entsteht in solchen Fällen immer eine Glaubenskette von Schuldnern. Sie stehen nackig bei Sprühregen im kalten Wind, halten sich bei den Händchen und singen: „Erhalt uns Herr bei deinem Wort".
Die Holzmann - Arbeiter glauben, ihren Job zu behalten, die unzähligen Zulieferer, Dienstleister und Gläubiger glauben dran, daß ihre Rechnungen doch noch bezahlt werden. Die Banken schließlich glauben, daß wenigstens ein Teil der Tilgungen noch realisierbar ist. Sie alle leisten weiter. Arbeit oder Kredite. Der einzige Gewinner im Fall Holzmann war auch der Einzige, der nie etwas geleistet hat, Kanzler Schröder. Gewinner und Held für 5 Minuten. Dann krachte der Konzern ein.
Alle anderen hielten fest an einem ungedeckten Schuldendienst. Sie alle haben durch bloßen Glauben, falsches Geld, faule Schuldverhältnisse geschaffen.
Geld – echtes Geld – wird nie allein „per Federstrich" oder durch bloßen Glauben erschaffen, sondern durch markterprobte Empirie. Das Gegenteil davon erlebten wir alle in den 90ern mit dem wunderbaren „Neuen Markt".

Es gibt viele Möglichkeiten Falschgeld zu machen. Ein besonders unterhaltsames Beispiel war dieser sogenannte „Neue Markt". Sein Kennzeichen war (und ist) die gewaltige Illusion einer, mit klassischen Mitteln nicht mehr nachvollziehbaren, Wertschöpfung.
In der Fabrik alten Stils wird produziert, was die Leute (hoffentlich) brauchen. Da sind die Arbeiter und als Sicherheiten das Anlagevermögen, wie Gebäude, Maschinen, Rohstoffe und Fahrzeuge.
Das alles ist nun nicht mehr nötig. Eine geniale Idee, ein Computer und eine Doppelgarage reichen aus, als Basis zur Weltherrschaft. Mit viel mehr hat Bill Gates nicht angefangen. Sagt die Legende. Er ist heute einer der reichsten Männer der Welt. Ist ja ein Traum - oder? Ja, wenn man schnell noch auf „Impfstoffe" umstellt... Kann aber ganz schnell zum Alptraum werden. Für die „Geimpften".
Hier geht´s um spannenderes. Denn die gigantischen Gewinnaussichten mit minimalen Einsätzen wecken Begehrlichkeiten. Kleine Blechkästen, lächerlich mickrige Chips, Datenspeicher und Programme, die körperlich gar nicht existieren, beherrschen ganze Produktionsgruppen, den Flugverkehr, den Informati-

onsaustausch, das Gesundheitswesen, die Börse - einfach alles.
Die Anbieter dieser Wunderwerke können zum Teil schon selbst nicht mehr nachvollziehen, wieso da irgendwas überhaupt funktioniert. Das ist eine Machtstellung von der die Priesterschaft im Altertum nur träumen konnte. Eine Machtstellung, die sich die Computerbranche heute ebenfalls durch gesalzene Rechnungen (Tempelopfer) und Knebelverträge (Unterwerfung unter das „IT - Heiligtum") bezahlen läßt.

Eine Machtstellung, die zu riesigen, erpresserischen Raubzügen einlädt. Denn der Kunde muß einfach glauben, was die EDV - Experten ihm erzählen. Das Ergebnis mag noch passen, der Ablauf ist jedoch nicht mehr kontrollierbar. Der Verzicht auf den Durchblick im eigenen Unternehmen ist wirtschaftshistorisch unerhört. Im Wortsinn „unerhört"!
Wir sind also wieder soweit wie vor 4000 Jahren, wo eine Priesterschaft ihr „geheimes Wissen" gegen Opferdienste und guten Glauben gewährt und uns unser Leben vorschreibt. Und wie vor 4000 Jahren führt der reine Glaube, als Ersatz für die Vernunft, in den Abgrund (EDV = Ende der Vernunft).

Mitte der 90er Jahre erlebt Deutschland wie „Geld aus Luft“ gemacht wird. Wieder sind nicht allein die Banker die Urheber, sondern gierig gewordene „mündige Bürger“. Sie schleppen ihr letztes Erspartes zu den Brokern, nehmen Kredite auf, pumpen die Verwandtschaft und Freunde an. Jeder will dabei sein, beim großen Plündern, beim „Geld machen ohne Leistung“. Selbstverständlich sind auch die Banken die großen Nutznießer in dieser Rallye und geben kräftig Gas.
Für was genau das ganze Geld in den „Neue Markt-Tempel“ getragen wird, weiß kaum einer. Es ist in vielen Fällen auch nicht nachprüfbar. Selbst in den Vorstandsetagen vieler Banken nicht. Es war auch bei der „seriösen“ Telekom-Aktie offensichtlich nicht nachprüfbar. So wenig nachprüfbar, daß sogar ein grundanständiger Mann wie Manfred Krug, Werbung für diese Falschmünzer gemacht hat. Tatsächlich steigt der Wert solcher Anlagen durch die bloße Masse der „Gläubigen“ ins Unermeßliche, selbst wenn die „bewertete“ Firma nur nutzlose Programmchen schreibt, eine bunte Webseite hat oder bloß ein Briefkasten auf den Bahamas ist. Das ist, was man eine Blase nennt. Das Ende ist bekannt. Blasen platzen immer. Ausnahmslos.

Gern wird bei solcher Gelegenheit an die „Tulpenblase“ im Amsterdam des 17. Jahrhunderts erinnert. Kaum zu glauben, daß so etwas banales (aber damals seltenes) wie Tulpenzwiebeln zu hochbrisanten Spekulationsobjekten werden konnten. Der Glaube an die Wertentwicklung dieses Gestrüpps trieb seinerzeit unzählige Anleger in den Ruin. Komisch nur, daß die Lernfähigkeit des Menschen bei Null stehen geblieben ist.

Geld wirklich aus Luft ?

Was da leichthin immer als „Blase“ bezeichnet wird, wollen wir uns mal näher ansehen. Was ist dran oder besser drin in der Blase? Kennzeichen der Blase ist die absurde Überbewertung. Sobald offenbar wird, daß sich nicht nur keine Renditen, sondern nicht einmal der Nennwert oder auch nur ein Bruchteil der Einlagen von dem Finanztitel realisieren läßt, kracht die Blase ein. Bis dahin haben alle wie verrückt eingezahlt. Wer früh genug aus diesem faulen Topf das wenige Substanzielle abgezogen hatte und mit diesem Gewinn Autos, Häuser, Fernreisen oder Schmuck gekauft, also den Rahm aus der übersteigerten Überbewertung abgeschöpft hat, ist aus diesem

saugefährlichen Schulden - Express frühzeitig und mit Profit ausgestiegen.
Es handelt sich aber dabei um eine gigantische Vorfinanzierung oder, um bei unserem Thema zu bleiben, um einen Riesenhaufen Schulden (Geld), für den der Letzte gerade stehen muß.
Sie sehen, so leer ist die Blase gar nicht, und von „Geld aus Luft" kann keine Rede sein. Die Leistungen sind von den Anlegern ja erbracht worden! Ihr sauer verdientes Geld segelt nun als Yacht eines Börsenmaklers im Mittelmeer, oder rast als Rolls Royce – Cabrio eines Bankberaters die kalifornische Küste hinunter. Es gibt auch Anleger, die sich jetzt einen gemütlichen Lebensabend gestalten können. Dieses Geld ist auch nicht „verbrannt", wie manche immer gerne behaupten. Verbrannt sind nur die völlig irren Rendite – Phantasien, die zwar als Kurven und Zahlen im Prospekt existierten, aber nie realisierbar waren.
Es wird niemals „Geld aus dem Nichts" erschaffen, sondern immer nur Gewinnerwartungen. Die sind häufig aus der Luft gegriffen und dann fast immer aus niederen Beweggründen. Die erwirtschafteten (besser: erschwindelten) Netto-Einlagen aber sind reale Leistungen.
Das ist es ja gerade, was den Verlierern so weh tut! Würde es sich wirklich nur um eine „Bla-

se“ oder um „Geld aus Luft“ handeln - wo wäre das Problem? Scheiß drauf, auf die 100.000 verlorenen Euros. Sollen die doch ihre 100.000 Euros aus der „Luft“ zurückholen oder sich von der Bank aus dem Nichts wieder erschaffen lassen (siehe Kapitel „Trüffelsuche“). Das können aber nicht mal die Banken. Es stecken in dieser „Blase“ Vorleistungen (Schuldendienste), die oft über viele Jahre erbracht werden mußten. Da geht es um Schweiß, Blut und Boden – nicht um Luft.

Auch die Banken gehören dann zu den Verlierern, wenn sie am Ende der Schuldenkette stehen. Sie stürzen sich genauso gierig und kopflos auf märchenhafte Gewinnerwartungen und leisten (im großen Stil natürlich) ebenso eifrig Schuldendienste wie die Friseuse von nebenan. Und sie verrecken auch genau so kläglich wie diese Friseuse (natürlich nicht der Vorstand…). Allerdings tun sie das coram publico, vor Funk, Fernsehen und Presse. Und natürlich muß der Steuerzahler sowohl für die Banken als auch für die Friseuse aufkommen.

Geld aus Luft, geht nicht. Vergessen Sie´s.

GELD UND BANKEN

Die heutigen Noten- und Geschäftsbanken waren das Wunschziel bürgerlicher Revolutionen.
Und Davor? Da gab es doch auch schon Banken. Immerhin haben wir festgestellt: Das Geld war vor den Banken da. Lange vorher.
Erinnern Sie sich an unseren Mustervati. Der Geldverkehr per „Warenwährung", Saatgut gegen Feldfrüchte oder Arbeit, funktionierte doch einwandfrei. Die Schuldendienste waren übersichtlich, der „Geldwert" stabil. Wozu also überhaupt Banken?
Wir springen kurz zurück in das Kapitel „URSCHULD". Da tauchte der Tempel mit seiner Schatzkammer auf. Drinnen lagert alles, was die Gemeinde als Steuern oder Opfer vom eigenen Einkommen abgezweigt hat. Hüter dieser Vermögenswerte sind die Priester und Gottkönige des Altertums.

Das Wesentliche, der Quantensprung dieser Form der „Vermögensverwaltung", war die Hebung von kleinen, privaten Einzelinteressen (... unser Mustervati) auf eine höhere Ebene. Auf die Ebene von „öffentlichen oder hoheitlichen" Macht- und Zinsinteressen. (Bis heute heißen übrigens Zinsen im Englischen „interest“ oder im Spanischen „intereses“). Die Wahrnehmung solcher Interessen stellt aber besondere Ansprüche an „Geld“.

Bevor es weitergeht, möchte ich hier freundlich um eine politisch-, sozialhistorische Feuerpause bitten. Inwieweit die „Herrschenden“ wirklich öffentliche Interessen vertreten oder ihre „mündigen Bürger“ nur mißbraucht und ausgequetscht haben, ist hier vorerst ohne Bedeutung. Im Augenblick soll es nur um gefriergetrocknete Tatsachen gehen.

Die „Urbank“

Also, die Wahrnehmung solcher Interessen stellt besondere Ansprüche an „Geld“. Es muß nämlich möglich sein, sehr große Schuldverhältnisse mit einem Schlag an jeden gewünschten Ort zu übertragen – oder sie zweckmäßig, in kleinere Teile, aufzusplitten.
Den letzteren Zweck erfüllte die Münze. Wir haben bereits gesehen, daß friedliche Kaufherren wie die Phönizier, erst zu Geld in Münzen griffen, als der Friede ein Ende hatte und Armeen bezahlt werden mußten.
Im Kampf um die Macht ist, außer der eigenen Armee, auch der „Verbündete“ seit jeher ein

probates Mittel sich durchzusetzen. Da muß es nicht gleich um Krieg gehen. Es sind häufig erst mal Handelsinteressen, die dem Gemetzel vorausgehen.

Verbündete aber sind teuer. Sie müssen im Wortsinn gekauft werden. Mit Lieferungen, technischer Hilfe, Immobilien oder: Riesensummen - bis heute. Da wäre es unpraktisch, erst mal bei den Leuten sammeln zu gehen. Sicherer, auch für eben diese Leute, ist es, aus laufenden Opfern (Steuern), Schätze zu horten, die dann für machtpolitische Zwecke verschwen… pardon, verwendet werden können.

Der Altphilologe Bernhard Laum hat in seinem Werk „Heiliges Geld" dargestellt, wie Tempelschätze im alten Griechenland politisch eingesetzt wurden. Die griechischen Stadtstaaten vergaben nach politischem Kalkül Kredite.

Das ist der Ursprung, der Archetyp des Bankgeschäftes. Die bedarfsgerechte Konzentration oder Splittung und Übertragung von aufgelaufenen Schuldverhältnissen.

Das ist mit Ochsen, Weinfässern oder Getreidesäcken möglich, kam aber bevorzugt im „zivilen Handel" zum Einsatz. Die „Bank" konzentrierte sich bei hoheitlichen Aufgaben sehr früh auf Schuldverschreibungen (wie der phönizische Kaufmann). Das sind die schriftlichen Optionen auf Ochsen oder Olivenöl.

Besser noch sind Edelmetalle wie Gold oder Silber. Natürlich gibt es auch sehr früh den „Optionsschein“ auf Gold und Silber. Er läßt sich kinderleicht in die Botschaft einer fremden Macht schmuggeln, um dort ein Handelsprivileg oder eine Armee zu kaufen oder wieder los zu werden.
Dieser Schein muß nur gedeckt sein. Irgendwo muß eine Truhe mit dem Gold im Keller stehen. Was drin ist, muß dem Wert der Schuldverschreibung entsprechen (oder mehr). Die Truhe muß nicht einmal transportiert werden. Für die Auszahlung von weit entfernten Truppen z.B. reicht der Kreditbrief der Bank in Rom, um bei einer Bank in Damaskus in Münzen eingelöst zu werden.
Im Laufe der Jahre und Jahrzehnte kristallisieren sich die soliden und zuverlässigen „Bankiers“ automatisch heraus. Und jenseits von allem ideologischem Gezeter sollte nun auch klar werden, warum nur sehr, sehr wenige Personen, Familien oder Konsortien mit diesem Geschäft befaßt waren:

1. Um glaubwürdig zu sein und zur Deckung der Risiken, mußte ein beträchtliches Vermögen vorhanden sein.

2. Um glaubwürdig zu bleiben, war eine unerschütterliche Zahlungsmoral unverzichtbar. „Bedenke, daß ein guter Zahler der Herr von jedermanns Beutel ist.“ (Zitat von Benjamin Franklin)

3. Vollkommene Diskretion und eine gute Vernetzung, mit Kollegen und Konkurrenten waren das Fundament aller Bankgeschäfte.

4. Klassische Bildung, gute Umgangsformen, solides Fachwissen und ein gezähmtes Temperament in Krisen waren nötig, um sich in den Kreisen der wohlgeborenen Kundschaft einen guten Namen zu machen.

Mittlerweile ist auch der Pöbel bis in die Chefetagen der Großbanken vorgerückt. Das Ergebnis ist bekannt.
Aber bis ca. 1914 schieden 90 Prozent der Bewerber für derlei Geschäfte aus.
Schon in der Antike entwickelten sich bankartige Strukturen, die von namhaften Familien betrieben wurden. Und schon damals geht es um große Politik. Herr Tiberius Gracchus, eine Art altrömischer Sozialdemokrat aus piekfeiner Familie, machte sich zum Vorkämpfer einer Bodenreform, die man fast sozialistisch nennen könnte. Der Mann stammte aus adli-

gem Hause, aber das Geld für seinen Wahlkampf mußte er sich leihen. Ausgerechnet die römischen Ritter (equites), die „Finanzhaie" Roms, kreditierten Gracchus alle nötigen Ausgaben. Der merkte gar nicht, daß er sich zum Büttel der Bankiers machte. Sobald die für sie günstigen Gesetze durchgepaukt waren, ließen sie Gracchus fallen. Er endete als zertretene, blutrote Tomate. Ein früher Steinbrück.
Als etwas später, im 1. Jahrhundert v. Chr. der Spartacus - Aufstand losbrach, übergaben die verschreckten Römer dem superreichen Marcus Licinius Crassus alle Vollmachten, um die rebellischen Sklaven wieder gefügig zu machen.
Nach der Niederschlagung des Aufstandes hatte der Herr noch weiterreichende Ambitionen. Alle möglichen „Politiker" wurden von ihm gekauft und geschmiert. Einen davon kennen Sie aus dem Asterix - Heft: Julius Cäsar. Ein weiteres, frühes Beispiel für die ursprüngliche Zweckbestimmung von Banken.
Streng genommen war Crassus Privatmann und kein Bankier im heutigen Sinne. Aber durch die bloße Masse seines Vermögens, bekamen er und seine Parteigänger die öffentliche Bedeutung (Systemrelevanz), die heutigen Großbanken entspricht. Erinnern Sie sich noch

an den Satz: „Geld zwingt durch seine bloße Masse zum Handeln“ ?

Die neuzeitliche Bank

Seit dem Mittelalter finden wir dann schon regelrechte Bankhäuser.
Der Geschichtslehrer (ja, ja, oder die Lehrerin...) hat Ihnen früher erzählt, daß die Fürsten, Könige und Kaiser so richtig mächtig waren und den armen Untertanen auf den Nerven herumtrampelten. Vergessen Sie´s.
Schon damals machten die Banken die Politik. Könige lungerten wie Versicherungsvertreter in den Vorzimmern der großen Geldhäuser herum. Bankiers in Venedig, Florenz oder Augsburg regelten den Verkehr. Die angeblichen Herren der Welt machten Bücklinge vor den Bankerfamilien.
Edward III., König von England, verschuldete sich bei Peruzzi und Bardi in Florenz für die Kriege um „seine Immobilien“ in Frankreich. Als Sicherheit bot er Steuereinnahmen, die nach dem Sieg dort erhoben werden sollten. Dummerweise blieben Sieg und Steuern aus. Im Jahre 1344 war Edward Pleite und die Banken krachten zusammen. Manchmal läuft es eben auch für die ganz Großen nicht so. Das Fürsten und Könige ihre Banker (Gläubiger)

einfach erschießen lassen, anstatt ihre Schulden zu tilgen war die Ausnahme. Vergessen Sie´s. Selbst der dümmste Schuldner bekam nämlich zu spüren, daß die „Schuld“ an sich damit nicht aus der Welt war.
Ein paar Generationen später hatten die Medici mehr Glück. Sie entschieden über Krieg und Frieden oder wer Papst wird. Solche Banken erhielten das königliche Privileg Münzen oder Schuldverschreibungen herauszugeben. Dann wurde aus einer einfachen Geschäftsbank auch eine Notenbank. Also eine Bank, die ermächtigt ist, eine Währung zu emittieren.
Wie auch das Bankhaus Fugger. In Augsburg finanzierte es kräftig Kredite und Schmiergelder, um den Habsburger Karl I., König von Spanien, auch noch zu „Karl V.“, dem deutschen Kaiser zu machen. Das war 1519. Die Privatbank „Fürst Fugger“ existiert noch. Dort weiß man sicher, was Geld ist. Der Präsident der Bundesbank muß so etwas nicht wissen.

Die moderne Bank

Das ehrwürdige Bankhaus Rothschild war der wichtigste Finanzier Englands, im Krieg gegen Napoleon. Schon an der Kontinentalsperre des Kaisers der Franzosen verdiente sich das Geldhaus blöde. Der Ausgang der Schlacht bei

Waterloo schließlich brachte den Rothschilds einen astronomischen Spekulationsgewinn.
An diesem Kern des Geschäftes internationaler Großbanken hat sich bis heute nichts geändert. Gar nichts.
Eines aber ist neu (seit ca. 150 Jahren). Der Zugang, man kann fast sagen, der Zutritt, des normalen Bürgers zur Bank. Dort hatte er, wie wir gerade gesehen haben, nämlich lange nichts zu suchen. Für derlei Kinkerlitzchen waren früher kleinere Geldwechsler oder Geldverleiher zuständig. Dort konnte auch der freie Handwerker, Bauer oder Fabrikant mal Kontakt mit Münzen, Schuldscheinen oder Krediten bekommen.
Es folgt nun eine bittere Pille für Klassenkämpfer: Es waren ausgerechnet diese kleinen Gewerbetreibenden, die auch mitspielen wollten, wie „Die da oben“.
Das Ergebnis waren (unter anderem...) die Französische Revolution (siehe Kapitel „Schulden einfach abschaffen“) und die Schalterhallen der heutigen Banken. In denen sich nun auch der „freie Bürger“ nach Herzenslust verschulden darf. Er macht weidlich Gebrauch davon.
Bleibt anzumerken, daß diese Schalterhallen heute die Funktion der früheren kleinen Geldwechsler übernommen haben. Konto er-

öffnen, Auto, Urlaub oder Haus finanzieren, Sparbuch anlegen oder ein paar Aktien kaufen. Durch die ungeheure Masse kleinerer Bankkunden bekommt dieser Geschäftszweig natürlich eine besondere Bedeutung für die Banken. Es sind vor allem die „öffentlichen“ Sparkassen und Volksbanken, die sich auf diese Aufgaben spezialisiert haben.
Die wirklich großen Bankgeschäfte spielen sich, wie vor 700 Jahren, in behaglichen Salons ab. Es werden Gebäck, Tee, Schnaps und Zigarren gereicht. Ein Wort gibt das andere - und 30.000 Arbeitsplätze sind vernichtet oder geschaffen oder die Ukraine muß „befreit“ werden und das Vermögen des Selenskyj Clans wird der Familie auf den Cayman Inseln überwiesen. Keine Verschwörung. Alles wie gehabt.

Fazit: Das Geld, - also die Schulden, sind naturgesetzlich und waren von Anfang an da. Und mit ihm die ewige Kette von Gläubigern und Schuldnern.
Die Bank ist nun aber wirklich eine zivilisatorische Erfindung. Bei der Natur des Geldes und der der ihm unterworfenen Menschen eine schlechthin unvermeidliche Entwicklung. Sie ist der Ort, an dem vermögende Konsortien (und kleine Einzahler) Schuldverhältnisse

im Megaformat auflaufen lassen, verzinsen, weitergeben oder als Kredite zweckgebunden einsetzen.
Abgesehen von ihren gewaltigen Dimensionen unterliegen auch Großbanken den gleichen, eisernen Gesetzen, wie private Haushalte. Sie können wachsen und florieren oder zusammenkrachen. Alle, die an den Fortbestand der Schuldverhältnisse dieser Großbank geglaubt haben, krachen dann mit. Das können heute ganze Länder sein…
Freilich irritiert es den „mündigen Bürger", wenn die Vorstände einer versemmelten Großbank sich mit ihren letzten Bonuszahlungen auf die Malediven zurückziehen oder nach den übelsten Finanzmanövern lächelnd den Gerichtssaal verlassen. Aber wie alle Naturgesetze verachtet auch Geld die Ethik.
Für den Moment muß reichen, daß es keine Banken-Verschwörung gibt. Wir haben die Banken gewollt. Was da in den Vorstandsetagen sitzt, ist Spiegel der Gesellschaft. Der Spiegel, in dem wir uns selbst wiederfinden.

Sonderfall Notenbank

Das Recht Münzen zu schlagen, behielten sich Könige, Fürsten und Päpste vor. Da Staatsoberhäupter in finanziellen Dingen häufig inkompetent oder hoch verschuldet sind (wie heute), vergaben sie dieses Privileg an namhafte Bankiersfamilien (heute leider nicht mehr). Die Medici und Fugger hatte ich schon erwähnt. Aber schon die Herausgabe von Münzen im Altertum, wie bei den phönizischen Kaufherren in Karthago, kam der Funktion einer Notenbank gleich.

Also gab es so viele Währungen wie Fürsten. Gerade in Deutschland war der Wirrwarr von Münzen kaum durchschaubar. Erst 1875, nach der Reichsgründung durch Bismarck, wurde als Einheitswährung die Reichsmark eingeführt. Immerhin gab es noch eine ganze Weile über 30 Notenbanken im Reich. Nämlich so viele, wie es noch regierende Fürstenhäuser gab. Um die Herrschaften zu beruhigen, durften sie auf die 2- oder 5 - Markstücke weiterhin ihre erlauchten Köpfe prägen. Notenbank war die ehemals Preußische Bank, nunmehr Reichsbank.

Mit dem Ende der Dynastien nach 1918, fällt die Ausübung der Währungshoheit endgültig in die Hände des sogenannten Volkes. Ungeachtet dessen druckte eine altehrwürdige private Firma, Giesecke & Devrient in München, weiterhin Banknoten für Deutschland. Sie tut es heute noch. Vermutlich nicht mehr lange. Denn die neue Kernkompetenz dieses Konzerns besteht heute darin, das, was mal eine Währung war, nunmehr in ein digitales Gespenst zu verwandeln.

Angesichts dessen mutet es fast sentimental an, daß der „Staat“ sich die Herstellung von Münzen ausdrücklich selbst vorbehält. Dieses „Münzregal“, das Recht zur Münzherstellung hat eigentlich nur noch dekorativen Wert.

Gerade diese vollkommene Identifizierung von Münzen und Scheinen mit „Staat“ und „Geld“, läßt viele Menschen glauben, daß die Banken „das Geld einfach so machen“. Aber das können nicht einmal die Notenbanken. Auch diesen bedauerlichen Irrtum haben wir aber schon aufgeklärt.

Haftet die Notenbank?

Jetzt wird es ungemütlich.

Zunächst mal dies: Wenn früher der Landesfürst oder König bis unter die Arme verschuldet war, galt das noch nicht unbedingt für seine Untertanen. Zwar keuchten die unter der steigenden Steuerlast, aber einen direkten, rechtlichen Zusammenhang mit der Verschuldung des Landesherrn gab es nicht. Erinnern Sie sich an Edward III. , der die Bankiers Bardi und Peruzzi in Florenz angepumpt hatte.

Seit die Notenbanken keine dynastische Privatsache mehr sind, sondern öffentlich, ist auch die Verschuldung öffentlich. Der Schuldendruck wird nicht mehr nur mittelbar über eine höhere Steuerlast spürbar, er betrifft unmittelbar, ganz offiziell uns alle.
Zwar geben Notenbanken heute Währungen heraus, aber sie haften nicht mehr dafür. Erschrocken?

Die Bundesbank gibt Ihnen das sogar schriftlich: „...Die Zentralbanken des Eurosystems sind nicht verpflichtet, den Gegenwert einer vorgelegten Banknote in Gold oder andere Vermögenswerte zu tauschen".
Es kommt noch besser: „Das Eurosystem kann deshalb alle seine Euro - Verbindlichkeiten immer bedienen, in Euro also nicht zahlungsunfähig werden". (Quelle: Deutsche Bundesbank).
Schmeckt nicht, oder? So Sachen hört man natürlich nicht in den Nachrichten oder in den Quasselrunden im Fernsehen. Lassen Sie das Gelesene noch mal sacken. Was bedeutet es?
Das aktuellste Exempel hierfür liefert der Wirtschaftscrash, verursacht durch jene Corona „Pandemie", im Frühjahr 2020. Frau Christine Lagarde, Präsidentin der EZB und unbelastet von jeglicher Kompetenz, erklärte

genau das: Das nämlich alle Verbindlichkeiten, die aus privaten und öffentlichen Bankrotten entstünden, per Euro bedient würden. Im März 2020 gab sie einen ersten Freibrief für eine dreiviertel Billion (nochmal langsam lesen!) – dreiviertel Billion Euro, als Unterstützung für die „Überlebenden“ der „Corona Krise“. Ein solch grotesk unerfüllbares Versprechen herauszulügen, ist faktisch die Abschaffung einer Währung.

Auch hieraus speisen sich wiederum die Märchen der Umverteiler vom „Geld schaffen aus Nichts“. Obendrein heißen diese (heute üblichen) Währungen auch noch „Fiat–Geld“. Das kommt vom lateinischen - fiat = es werde -. Also: „es werde Geld“.
„Fiat–Geld“ - fast schon ein Schimpfwort. Erstaunlich, daß die Bundesbank sich ganz offen dazu bekennt, Zitat: „Der Euro ist eine sogenannte Fiatwährung“.
Was die Umverteilungstheoretiker nicht verstanden haben ist, daß es die Notenbanken heute wirklich nur einen Dreck kümmern muß, ob die emittierte Währung gedeckt ist.
Für die Deckung müssen nämlich die sorgen, die die Notenbank ermächtigt haben, die Währung herauszugeben.

Ein demokratischer Traum ist in Erfüllung gegangen. Adel und geistliche Herrschaft sind gestürzt, wir sind endlich für uns selbst verantwortlich. Der Wähler, der Steuerzahler, haftet persönlich.

Moment mal. War anfangs nicht die Rede davon, daß die Notenbank unser Schuldner ist? Daß Geldscheine Schuldverschreibungen sind, für die die Notenbank haftet? Ja. Stimmt genau. Da wir selbst aber die Notenbanken geschaffen haben, sind wir am Ende der Kette auch unser eigener Schuldner.

Ein schöner Augenblick, um noch sich noch einmal an Oswald Spengler zu erinnern: „Das Geld hat sich die ihm gemäße Regierungsform geschaffen, - die Demokratie".

Wie funktioniert nun diese Haftung oder Deckung einer Währung? Ganz einfach, im Kern wie damals, bei unserem Mustervati. Durch Leistung.

Die Summe aller zugesagten und auch wirklich erbrachten Leistungen decken sogenannte Fiat - Währungen.

Das heißt aber auch, daß die Notenbank nicht wesentlich mehr Schuldverschreibungen (Geldscheine und Münzen) ausgeben darf, als an Leistungen sicher zu erwarten ist.

Tatsächlich muß es ein gesundes Verhältnis geben, zwischen der Summe aller Inlandsprodukte der Euroländer und dem Wert der emittierten Euro - Banknoten - der „Geldmenge“. Die genaue Ermittlung von „Geldmengen“ (Schulden) berücksichtigt außerdem noch Bankguthaben, Zentralbankguthaben, Spareinlagen usw. . Es handelt sich aber immer nur um sogenannte, angebliche „Geldmengen“. Blättern Sie mal zurück zu „Irrtum Geldmenge“ .

Da auch die Notenbank physisch und als Körperschaft existieren muß, (Gebäude, Personal, Heizung, Lustreisen, Verbindlichkeiten...), erhebt sie selbstverständlich Zinsen auf die ausgegebenen Geldscheine (Schuldscheine). Außerdem darf sie auf die hergestellten Scheine eine Marge erheben. Trotzdem sind Scheine und Münzen keine Ware!! So addiert sich der „Preis“ für das Geld. Jeder 50 Euro - Schein versteht sich also immer als: 50 Euro - plus Zinsen, plus Kosten.

Natürlich machen Notenbanken auch Geschäfte. Allein schon dadurch, daß sie ihre Währung an die Geschäftsbanken des eigenen Landes (oder Währungsraumes) verleihen. Gegen Zinsen (Leitzins), natürlich. Außerdem verleihen sie Gelder an die Notenbanken anderer Länder oder halten selbst fremde Wäh-

rungen. Ausländische Währungen, die sich in den Tresoren stapeln, nennen sich „Devisen“. Es sind, salopp gesagt, die Schulden anderer Länder.
Mit Kursschwankungen und Zinsdifferenzen lassen sich nicht nur Notenbankgewinne erzielen, man kann auch versuchen, Einfluß zu nehmen auf das Zinsniveau, die Kurse und „Geldmengen“ fremder Länder.
Eine Nullzinspolitik, wie im Augenblick, und schwachsinnige Kreditzusagen a la Lagarde („Corona Krise“), bedeuten praktisch die Aufgabe, die Auflösung einer Währung. Dafür haften Leute, die so ein System demokratisch ermächtigt haben und zwar mit der Abschreibung ihrer Lebensleistung!

Inflation

Stellen Sie sich eine Kneipe vor, in der sich regelmäßig einige Leute die Kante geben. Der Wirt ist ein Kumpel. Er läßt anschreiben. Drei der Gäste sind gute Zahler. Sie hinterlassen höchstens 2 oder 3 Deckel, bis zur Begleichung der Rechnung. Achtung! Diese Deckel sind Schuldverschreibungen („Geldscheine“)! Da liegen auch Deckel von den anderen Zechern. Die zahlen allerdings sehr schlecht.

Sie hinterlassen gut und gern 7 oder 8 Deckel, bis sie dann wenigstens einen Teil bezahlen. Solange sie überhaupt bezahlen, kann man von einer halbwegs stabilen Währung sprechen. Die Summen auf den Deckeln entsprechen so gerade den zu erwartenden Leistungen.
Wenn aber der Wirt bei den Lauscheppern nicht rigoros eintreibt, werden deren Deckel wertlos, aber beliebt. Denn nun werden immer mehr Schnorrer auf Deckel trinken und sogar Schnitzel bestellen. Der Wirt muß nun die Preise kräftig erhöhen, um überhaupt überleben zu können und trotzdem noch eine Serviererin einstellen. Politiker würden dies als „erfreuliches Wachstum“ begrüßen.

Doch irgendwann sehen wir einen Riesenstapel Deckel, die nichts wert sind. Es sind Schuldverschreibungen auf die keine Leistung zu erwarten ist. Der Wirt wäre dann wie eine Notenbank, die, die Geldmenge erhöht, bzw. Deckel ausgibt, für die keine Schuldendienste zu erhoffen sind.
Dies wäre im Großen dann eine Form der „(offenen) Inflation“. Ein immer größerer Haufen Deckel (Banknoten), auf denen immer höhere Forderungen notiert sind, die nie mehr realisiert werden können.

Wenn wir das mal auf den Euro übertragen, dann wurden alle Gäste in der Kneipe überredet, die Zeche für die klammen Trinker mit zu tragen. Jetzt werden die wenigen wertvollen Deckel von den guten Zahlern, mit dem großen Haufen wertloser Deckel einfach zusammengeworfen.

Deflation

Zu Anfang geht das noch gut. Denn damit sind plötzlich auch die faulen Deckel „gedeckt". Die Euro-Zentralbank druckt Scheine - bzw. - der Wirt schenkt wieder aus wie verrückt und brät fleißig Schnitzel. Die Preise fallen wieder. Die Serviererin kann eine Lohnerhöhung durchsetzen. Aber im Verhältnis zu ihren Stunden verdient sie immer weniger, denn sie ackert jetzt wie irre.
Angesichts dieser erfreulichen Aussichten, werden jetzt aber auch schon mal teure Krabbencocktails, Straußenfilets oder Seeteufel geordert. Nur die Blödmänner trinken noch Bier. Wer die Zeichen der Zeit erkannt hat, bestellt Schampus und feine Bio-Weine. Die Wirtschaft brummt, die Politiker faseln von noch mehr Wachstum und einer „harten Währung".

Der Einkauf ist günstig und der Wirt hat sich mittlerweile ein riesiges Warenlager zugelegt. Viel mehr als die Gäste versaufen und verspeisen können. Er verdient immer weniger und muß trotzdem die Speisekarte drastisch verbilligen. Aber, zu spät. Die Gäste sind selbst allesamt derart gesättigt oder verschuldet, daß sie sich den Gang in die Kneipe sparen. Schnitzel braten und Bier zapfen lohnt nicht mehr. Es ist auch sinnlos, wenn der Wirt jetzt weitere Deckel wie Sauerbier anbietet, also wie eine Notenbank Banknoten druckt, für die keiner mehr Leisten will oder kann (zinsfrei, wie im Augenblick!). So läßt sich das Geschäft nicht mehr ankurbeln. Die Serviererin landet auf der Straße. Wer beim Wirt noch was gut hat, läßt seine „Gutschriften" stehen, für schlechte Zeiten. Schlimm für den Kneiper, denn seine Gewinne schrumpfen dahin, aber auf Vorlage der Gutschriften muß er trotzdem Seeteufel und Schampus liefern. Das ist dann das Ende, bzw. im Großen eine „(negative) Deflation".

Sie haben längst gemerkt, worauf ich hinaus will und wie das alles enden muß. Natürlich ist das Beispiel mit der Kneipe vereinfacht. Aber die Fallgesetze gelten für das Kieselsteinchen genau so wie für den Felsen.

Wichtig ist nur zu erkennen, daß niemand von uns auf ein Morgen hoffen darf. Denn die Deckung für all das übernehmen wir ganz persönlich. Freiwillig!
Keine Notenbank, kein Rettungspaket, keine Eurobonds, kein Gott wird uns helfen. Weil wir selber diese Form der Währungsdeckung gewählt haben. Sogar im Wortsinn „gewählt". Wir selbst „machen das Geld" und nicht irgendein böser Banker per Federstrich. Es ist nur kaum jemandem bekannt oder vollkommen vergessen. Keine Verschwörung, keine internationale Geld-Mafia, keine Illuminaten, keine Freimaurer. Vergessen Sie´s.
Wenn vor 800 Jahren das unfreie Bäuerlein in der Ferne die verchromten Kolonnen in die Schlacht marschieren sah, betraf es das kaum. Es durfte nicht mal eine Waffe besitzen. Sein Landesherr riskierte Vermögen, Land und Leben. Er haftete nicht selten mit seinem Kopf. Da nicht direkt mitmachen zu müssen, war dem mittelalterlichen Menschen schon ein paar Steuern und etwas Ärger wert. Für den schlimmsten Fall blieb immer noch ein Bauernaufstand.
Nun haften wir selber. Gelegentlich auch mit dem Kopf. Selbstmorde nach Pleiten sind nicht selten. Sind wir nun glücklicher? Ein Politiker würde sagen: „Wir sind nun freie, mündige

Bürger". Na Gott sei Dank. Da haben wir ja wirklich Glück gehabt…

GELD UND EIGENTUM

Es gibt kein Geld ohne Eigentum. Ein unerschütterliches Verdikt. Soweit es Marktwirtschaft betrifft, ist Eigentum ebenso unmißverständlich definiert, wie Geld.
Natürlich ist hier nicht einfach die Rede von eigenen Socken, Kofferradios, Zahnbürsten oder dem eigenen Fahrrad. In der Marktwirtschaft gilt nur als Eigentum, was auch bilanzfähig ist. Was beleihbar ist. **Alles, was zum Erhalt oder zur Vergrößerung der Existenz so nötig und nützlich ist, daß jederzeit Dritte bereit wären, ein Schuldverhältnis einzugehen, um sich selbst derartiges Eigentum zu verschaffen.**
Somit wird für einen Fahrrad - Kurierdienst das eigene Fahrrad tatsächlich zum Eigentum, zum Bilanzposten. Nach Karl Marx wäre das Fahrrad „Kapital". Und der flinke Fahrradkurier ein ganz winziger Kapitalist.
Kapital ist immer eine Vorleistung. Entweder durch Arbeitsleistung (...das alte Fahrrad wird aus der Garage geschoben, entrostet, geölt und verkehrssicher gemacht...) - oder durch Kredit (Tante Berta leiht das Geld zum Kauf des Fahrrades). Kapital ist immer belastet. Immer!
In diesem Falle muß es Renditen, Zinsen erradeln. Und zwar mehr, als die Vorleistung

selbst an Aufwand verursacht hat. Funktioniert das nicht, wird aus dem Bilanzposten „Fahrrad" - ein Häufchen Schrott.
Dieser Eigentumsbegriff ist so alt wie das Geld. Er galt schon zu Zeiten unseres Mustervatis. Wir erinnern uns: Der hatte Grünzeug mit Ziegenmilch bezahlt (nicht getauscht!!).
Das Kapital ist die Ziege. Sie muß gefüttert, gepflegt und gemolken werden um zu „produzieren". Genau wie das Fahrrad geölt und intakt gehalten werden muß, genau wie ein Jumbo-Jet, der seine Sprit- und Personalkosten einfliegen muß. Plus Zinsen!
Das alles hört sich sehr ungemütlich an. Und so hat sich jenseits der Wirklichkeit eine aufgeregte Debatte um den Eigentumsbegriff entfacht.

Eigentum ist Diebstahl?

Eine Stilblüte dieser Debatte ist das bekannte Zitat des Pierre Joseph Proudhon, „Eigentum ist Diebstahl". Diese polemische Spitze wird manchem hirnrissig vorkommen. Sie ist aber außerdem gefährlich symbolisch für eine mehr und mehr verbreitete Systemkritik.
Diese Kritik entspringt dem Verlangen die „Ketten des Kapitalismus" zu sprengen und hat allerlei seltsame und absurde Gesell-

schaftsmodelle hervorgebracht. Bis heute befassen sich mehr oder weniger seriöse Institute mit der Erforschung von Möglichkeiten zur „gerechten Verteilung (Umverteilung) von Eigentum“ oder gehen in die Protestoffensive, wie „Occupy“ in den USA oder „Attac“ in Europa.
Allen gemein ist das völlige Unverständnis von Geld. Allen gemein ist aus eben diesem Grund auch das Scheitern ihrer Bemühungen. Wie auch das Scheitern des Monsieur Proudhon, der mit seiner Schnapsidee einer „Volksbank“, die Kredite ohne Zinsen und Sicherheiten vergab, nach kürzester Frist Pleite ging (um 1850). Denn dem Unverständnis für Geld folgt ganz logisch das Unverständnis für Eigentum.

Eigentum fair-teilen ?

So betroffen, besorgt oder engagiert viele Menschen auch sind, wegnehmen lassen wollen sie sich am Ende nichts. Der eigene Besitzstand wird auch von den Befürwortern des „fair verteilten“ Eigentums entschlossen verteidigt.
Wir sehen „Linke“ - Chef Klaus Ernst vor seinem Porsche posieren und seine Genossen beim Hummer Bankett speisen. Ist das

schlimm? Bedeutet es nicht „Porsche und Hummer“ für alle? Wieso nehmen ausgerechnet die „kleinen, hart arbeitenden Leute“ besonderen Anstoß an solchen Bildern.

Die Antwort dürfte klar sein. Gerade diese Menschen haben noch eine ganz unmittelbare, praktisch - körperliche Verbindung zu ihrem Besitz. Auch ohne sozialpolitische Vorlesungen spüren sie den berechtigten Anspruch auf Erarbeitetes.

Es sind die uralten Naturgesetzlichkeiten „des Geldes“, die sich durch die Jahrtausende hindurch als unzerstörbar erwiesen haben. Kapital und was daraus produziert wird, erfordert Opfer und Vorleistungen, bevor (wenn überhaupt...) der Gewinn eingestrichen werden kann. Was so erworben wird, ist nicht nur bilanztechnisch ein Aktivposten (Eigentum), sondern auch juristisch / ethisch.

Es ist auch wenig hilfreich, wenn ausgerechnet die „Befreier der Arbeiterklasse“ einen obszönen Reichtum zur Schau stellen. Ein Brauch, der sich übrigens besonders durch die moderne Geschichte der Kapitalismuskritik zieht.

Schon wieder fällt die Französische Revolution unangenehm auf. Die Marktweiber von Versailles hatten wir ja schon bei der „Arbeit“ beobachtet. Sehen wir uns mal die Herrschaften an, die diese Furien in Gang gesetzt haben.

Georges Danton, Saint - Just, Robespierre, Graf Mirabeau, J. Paul Marat, Jacques Rousseau, sind allesamt würdige Vorläufer heutiger, voll versorgter Parlamentsmitglieder.
Sie alle brauchten die wohlbestellten Güter, in die sie hineingeboren wurden, nicht mehr erarbeiten. Pädagogen, Rechtsanwälte, Forscher, Schriftsteller, Lehrer oder gar adlige Gutmenschen. Einige mögen ihre Muße genutzt haben, um wirklich über eine menschenfreundlichere Welt nachzudenken. Von den genannten, angeblich Rousseau, ein heuchlerischer Strolch ohne jeden Bezug zur Realität. Und Robespierre? Er mutierte im Kampf gegen das „Böse" zu einem fanatischen, frühgrünen Gutmenschen, der einen „neuen Menschen" schaffen wollte. Seine Genossen mehrten derweil als gewissenlose Finanzverbrecher ihren Besitzstand, auf Kosten des „befreiten Volkes".

Die heutigen Vertreter CO2 freier Gesellschaftsmodelle sind so kreativ, wie man es von Hämmern und Sicheln erwarten kann. Hummer und Porsche sei ihnen gegönnt. Ganz offiziell bezahlt (Steuern) durch die „arbeitende Klasse" sind sie allerdings heute legalisierte Finanzverbrecher, die im Gegensatz zu ihren Vorläufern nicht mal ererbtes, schon gar nicht erarbeitetes Eigentum auf Spiel setzen. Sondern fast immer nur „öffentliches“!

Es soll hier auch wirklich nicht mehr als nötig auf diesen Leuten herumgetrampelt werden. Was aber das Thema „Geld und Eigentum“ angeht, muß hier nüchtern konstatiert werden, wie brav und widerstandslos auch die Gegner des sogenannten Kapitalismus, seinen Gesetzen gehorchen. Zu guter Letzt gewinnt das Geld (die Forderung) immer. In den Parteiprogrammen geht es nur scheinbar um gerechtes Verteilen, tatsächlich aber nur um willkürliches Wegnehmen hier und um mediengerechtes Spendieren dort.

Gleichheit, Brüderlichkeit....

Es ist die gefährliche Schnapsidee von der „Gleichheit für alle“, die fatal verwechselt wird mit „Gerechtigkeit für alle“.
Ich möchte hier auch ausdrücklich warnen vor der Vorstellung dieses Herrn Rousseau. Vom „Edlen Wilden“, der unverdorben von der Zivilisation in Eintracht mit der Natur lebt. Was davon zu halten ist, haben wir bereits ohne rosarote Brille betrachtet (S.37).

Aber **Eigentum und Gleichheit schließen sich aus**. Das ist der Naturzustand. Denn jedem ist es gegeben, nach seinem Maß mehr oder weniger zu leisten. Sobald jemand oder etwas anfängt an diesem Verdikt zu rühren, fangen Ungerechtigkeit und auch Unmenschlichkeit erst wirklich an.

Wohlgemerkt - es geht hier nicht darum tatsächliche Ungerechtigkeiten *innerhalb* des Geldsystems anzuzweifeln. Es geht hier um die offensichtliche Unmöglichkeit das Geldsystem an sich, per angeblicher Gerechtigkeit (eigentlich „Gleichheit"), in Frage zu stellen oder gar aus der Welt zu schaffen.

Ich gehe sogar weiter als Gunnar Heinsohn, der diesen Zustand auf typische Eigentumsgesellschaften (wie unsere) beschränkt. Nach meiner Ansicht gibt es keine Gesellschaft ohne Eigentum. Äußersten Falles eine solche mit einem variiertem Eigentumsbegriff. Wie zum Beispiel Stammesverbände im afrikanischen Dschungel, auf Neuguinea oder in der australischen Steppe, die alles miteinander teilen.

Wir würden keine Woche in einer solchen Gemeinschaft ertragen. Denn ihr Funktionieren hängt von einer straffen Aufgabenteilung und einer unerbittlichen Disziplin ab. Dies ist letztlich der Respekt, den alle Mitglieder solcher Eigentumsgemeinschaften den sozialisierten Gütern schuldig sind. Übrigens „schuldig sind“ auch im buchhalterischen Wortsinn! Auch – oder gerade, wenn es sich um eine Art Gemeinschaftseigentum handelt. Selbstverwirklichung, Eigenleistung oder Anerkennung wie wir sie kennen und wünschen? Vergessen Sie´s.

Für uns bedeutet viel Eigentum (im Idealfall) viel Arbeit und Verantwortung. Die Gefühle, die einst den schlichten Landarbeiter beschlichen, wenn er auf die Scholle blickte, die ihn ernährt, sind nicht minder pathetisch als die des Gutsbesitzers. Es steckte im Wortsinn beider Blut darin. Das sind stärkere Bindungen als die des Kontobuches, der Bilanz oder eines Parteiprogramms.

Daß wir uns heute in den Chefetagen der Parteizentralen und Konzerne auf so verhängnisvolle Weise davon entfernt haben, ändert leider nichts an der eigengesetzlichen Kraft des Eigentums.

Bedauerlich ist allerdings, daß in der Gegenwart anscheinend nur noch kleinere oder mittlere Unternehmer, besonders aber Handwerker und Arbeiter, diesen unmittelbaren, unverbrüchlichen Bezug zum erarbeiteten Eigentum haben. Ein Bezug, der vielen Damen und Herren in den Vorstandsetagen im Wortsinn unerklärlich geworden ist.

Trotzdem bleibt die Distanz der wirklich arbeitenden Menschen zu prominenten links - grünen Denkern, Theoretikern und Ideologen immer viel größer, als die zu ihrem „wohlhabenden" Arbeitgeber. Denn *den* verstehen sie. Sie wollen, was der will: Leisten und entsprechend ernten.
Die sogenannten „Fairteiler" bleiben ihnen fremd. Denn ihnen haftet der selbe Makel an, wie windigen Finanzhaien: Ein hohes Einkommen - ohne erkennbare Leistung…

FINANZWIRTSCHAFT?
REALWIRTSCHAFT ?

Wenn Sie ungern von liebgewordenen Vorurteilen Abschied nehmen, überblättern Sie dieses Kapitel einfach. Was hier kommt, wird vielen nicht schmecken.

Die Welt ist so schön einfach, wenn es „gut“ und „böse“ gibt. Klarer Fall, die „Guten“, sind die aus der Realwirtschaft. Sie schreinern Stühle, braten Fritten, bauen Autos, Häuser, Schiffe, Ölbohrinseln oder Panzer. Sie ernten Kartoffeln und machen dann Chips oder Schnaps daraus und produzieren diese schönen Flachbildfernseher, mit den flachen, bunten Werbespots drin.
Auf der anderen Seite haben wir diese Zecken, Zocker oder Heuschrecken, die überhaupt nichts produzieren. Sie hocken als Berater in den Banken, lungern als Broker an den Börsen herum oder betreiben piekfeine, marmor- und edelholzgetäfelte Kanzleien, in denen sogenannte Finanzprodukte ersonnen und gehandelt werden.
Das ist in etwa die gängige Polarisierung in den Medien. Es sind vornehmlich Politiker, Journalisten oder sogenannte Experten die auf diesem verstimmten Klavier klimpern. Sie ha-

ben reichlich Zuhörer. Verständlicherweise. Die Melodie ist sehr einfach und gefällt, aber der Text ist, wie immer beim deutschen Schlager, sehr simpel.
Aber es existiert von diesem Stück noch die komplexere Version, für anspruchsvollere Hörer der E - Musik:

Mit dem Geld ist auch gleichzeitig die sogenannte Finanzwirtschaft da. In unendlich verdünnter Form sogar schon zu Zeiten unseres prähistorischen Mustervatis.
Geld, also Schulden, sind das Fundament dessen, was wir gern vollmundig „Realwirtschaft" nennen. Oft zu Unrecht, weil der Eindruck entstehen soll, da gäbe es noch etwas anderes, irreales. Etwas, das eigentlich keine Berechtigung hat und mit dem die Finanzhaie trotzdem Milliarden ergaunern.
Aber der Kredit, seine Beschaffung und die Besicherung (von mir aus auch Erschwindelung), einer Masse, aus der heraus er überhaupt vergeben werden kann, ist so real wie jede andere Leistung. Und - was vielen noch weniger schmecken wird - Kredit ist unverzichtbar.
Kein anderes Mittel ermöglicht Anschaffungen oder Produktionen, die normalerweise erst nach Generationen rigorosen Sparens möglich

wären. Das weite Vorgreifen in der Zeit, ermöglicht Haushalten oder Unternehmen sofort das Überleben oder die Mittel um größere Nachfragen zu decken. Das geht allein mit Krediten. Bis etwas Besseres erfunden ist.

Schon wieder: Konzentration....

Das, was leichtfertig als „Finanzwirtschaft" beschimpft wird ist nicht das Problem. Sondern, wie schon beim Wachstum, die hypertrophe Konzentration.
Zu Zeiten unseres Mustervatis war alles noch schön übersichtlich. Wenn der seine Nachbarn oder Bekannten fragte, wo man am günstigsten Saatgut kaufen kann, konnte man wirklich noch von „transparenten Finanzierungsmodellen" sprechen. Trotzdem darf nicht vergessen werden, daß dies schon die Anfänge der Finanzwirtschaft waren. Mustervati konnte durchaus an einen erfahrenen „Vermittler" geraten. An Einen, der auch die „Kreditbedingungen" in den Nachbardörfern kannte. An Einen, der sich diese Informationen auch vergüten ließ. Mit einem Liter Ziegenmilch oder Schnaps. Das wäre dann schon die früheste Form der Boni - Zahlungen.
Wenn wir dann auf die gigantischen Finanzierungspläne schauen, mit denen so riesige Lei-

chen wie Holzmann oder Opel unsterblich gemacht werden sollten, kommt uns der Mustervati mit seinen mickrigen Setzlingen wie eine Vision aus einer anderen Welt vor.
Aber: Es ist die selbe Welt. Mehr noch! Es ist in direkter Linie dasselbe Verfahren. Nur ins Wahnsinnige gesteigert und dementsprechend unübersichtlich.
Es geht im Kern immer nur darum, erbrachte Vorleistungen mit Zinsen wieder einzutreiben. Das geschieht auch an den Börsen, Banken und Finanzmärkten. Natürlich sind es die Leistungen anderer, die dort treuhänderisch verzinst werden sollen. Je besser das gelingt, desto mehr Zinsen, Boni und Provisionen bleiben auch bei den Bankern und Börsianern hängen.

Gewinne ohne Leistung?

Was den Kritikern dabei so sauer aufstößt, sind die hohen, angeblich „leistungslosen" Renditen der Finanzmärkte, im Gegensatz zu den dürftigen Einkünften aus „richtiger Arbeit". Eine schreiende Ungerechtigkeit. Ja. Wir müssen uns die Sache mit dem Vergrößerungsglas ansehen.

Was wir da erblicken, sind z.B. Arbeits- und Produktionsbedingungen, die so teuer sind, daß viele Investoren lieber ganz aufs Produzieren verzichten. Wenn sie eine Fabrik für Smartphones errichten wollen, müssen sie sich mit Baubehörden, Umweltschützern, Gewerkschaften, Grünen und Finanzämtern herumschlagen. Das würden die sogar tun. Aber leider gibt es da eine wirtschaftlich viel „vernünftigere Alternative". Sie geben die 400 Millionen Dollar einfach in einen Hedge - Fond.
Oder die Investoren produzieren irgendwo, wo kein „Ärger" droht. Auch Nokia hat das getan. Nokia hat im Jahr 2008 den Standort Bochum versenkt und ist nach Rumänien gegangen. Bis 2011 (!). Böse, böse Investoren? Verdammte Lohndumping - Nomaden?
Schön vorsichtig! Genauso haben wir es zunächst mit verdammten Preisdumping - Nomaden zu tun.
Sie gehen konsequent, gnadenlos in den Laden, wo es die billigsten Mobiltelefone gibt.
Und die müssen alles können. Telefonieren? Nebensache! Internet, SMS, WhatsApp, MSN, zig Megapixel, Navi, Skypen, Blutdruck messen, lächerliche, kindische Apps und dergleichen mehr. Sogar der Kommunikator des Käpt´n Kirk, von der Enterprise, war nur ein antikes Hörrohr gegen diese Spielsachen.

Machen Sie den Selbstversuch. Gehen Sie mal auf eine Demo gegen Wachstum, Umweltzerstörung, CO2 Ausstoß, Lohndumping und Rassismus. Sie werden dort kaum jemanden finden, der nicht das neueste „Superhandy“ mit sich führt. Das makabre daran: verschworene „Finanzmarkt - Gegner“ oder Klimaretter könnten sich ohne diese Technik nicht mal mehr organisieren. Sie sind willfähriger Teil einer Marktstrategie und einer Technologie für die Riesenkreditmassen erschachert werden und für die sogar Krieg geführt wird. Vollkommen kritikunfähige, heulende Massen folgen, auf Kommando der etablierten Medienindustrie, wenn nötig sogar 16jährigen Gretas, die von ihren Eltern auf den Klimastrich geschickt werden.
Es ist schon grotesk, daß sich auf solchen Massenveranstaltungen die naivsten Gemüter konzentrieren, um eine der größten Finanzblasen der Zukunft zu „finanzieren“: die CO2-Blase. Unter Verachtung jeder wissenschaftlichen Grundlage oder auch nur ihres eigenen Grundwissens aus der Schule, haben sie alle beschlossen, sich für eine „Weltrettungsidee“ zu Tode zu rudern - oder kaufmännisch ausgedrückt: Ohne Aussicht auf Tilgung oder gar Rendite (finanziell oder ideell!) in Vorleistung

zu gehen (Das „Holzmann-Modell“ im Global Format!).
Während und nach der Demo versenden sie bunte Botschaften und Bildchen ihrer „Heldentaten“ an die Erbtante in Johannesburg oder an Mitläufer, die direkt neben ihnen stehen.

Sie sind wie Ochsen im Schlachthof, die glauben zum Essen eingeladen zu sein, aber nicht begreifen, daß sie das Hauptgericht sind.

Was für Superhandys und „Weltretten“ gilt, gilt auch für billige Schweineschnitzel, Hühnereier, Bio – Gemüse, Spielzeug und Brennholz aus dem Regenwald, das auch der durchschnittliche, mündige Bürger ohne Gewissensbisse in seinem feinstaubgefilterten Öko – Ofen verbrennt. Dann steigt seine nachhaltige Gattin in den rußgefilterten 300PS - Geländepanzer, um die Brut vom 300 Meter weit entfernten Kindergarten, „Grüne Pusteblume“, abzuholen. Ein PS für jeden gottverdammten Meter.
Für diese bodenlose Dummheit und diesen obszönen Luxus muß aber irgend jemand Leistung erbringen. Das sind einerseits ganze Völkerschaften von schwindsüchtigen Sklaven,

die sich unter erbärmlichen Bedingungen den Arsch abarbeiten.
Und andererseits (Achtung, jetzt wird´s sehr häßlich...), hocheffiziente, skrupellose Finanzmarkthyänen, die mit Derivaten, Hedge – Fonds, Leerverkäufen, faulen Kreditpaketen oder Hebelgeschäften, die Kreditmasse zusammenraffen, um diese Leistungen zu finanzieren und für die Masse der Konsumenten bezahlbar (!) zu halten.
Ich mag diese parfümierten Bengelchen und Dämchen in Frankfurt und an der Wallstreet, in ihren handgenähten 1.400 Dollar - Schuhen auch nicht. Aber Sie und ich - wir haben diesen Typen die Schuhe angezogen. Typen, die 24 Stunden am Tag unter Dauerstrom und Hochdruck stehen.
Typen von denen Ihnen Glauben gemacht wird, sie hätten die „Finanzwirtschaft“ von der „Realwirtschaft“ abgekoppelt. Tatsächlich aber, haben sich auch unsere grundkranken Ansprüche völlig von den Möglichkeiten einer menschenwürdigen, kostendeckenden Produktion abgekoppelt.
Damit der Lippenstift an irgendwelchen blasierten Tucken noch besser hält und glänzt, damit containerweise Akkuschrauber aus Fernost noch billiger in den Baumärkten liegen können, damit hunderttausende Traumtänzer,

statt Freitags zur Schule zu gehen, mediengerecht für die Klima - Zuhälter anschaffen gehen können, und weil die Turnschuhe der Blagen beim Laufen auch blinken müssen, führen Börsen, Banker, Anwälte und Broker jedes nur mögliche Finanzmanöver durch.
Hinter jedem dieser Manöver, das übersehen die Kritiker der „Finanzwirtschaft“ leider, steht eine „Geschichte“ zur Rendite. Sie handelt von Ölschiefer, Rinderhälften, Baumwolle, Grundwasser, ökologischer Energiegewinnung, Elektroautos, Tropenholz, Panzern, Impfdosen, Getreide, Fracking Gas, Mobilfunklizenzen, Immobilien, Technologie zur co^2 Reduktion, 5G Netze, PCR Tests oder Werbeeinnahmen bei den sozialen Netzwerken.
Die angeblich irreale, unstoffliche Finanzwirtschaft ist nur lebensfähig, weil sie sich auf reale, stoffliche Assets (Güter/Anlagevermögen) beruft. Selbst Kurs- und Preisschwankungen oder Zinsdifferenzen, die bei „reinen Geldgeschäften“ wichtig sind, werden immer auf ganz reale Ursachen zurückgeführt.
Das in den letzten 30 Jahren immer mehr dieser Ursachen und Renditestories erstunken und erlogen sind, liegt schlicht auch daran, daß immer weniger verwöhnte Konsumenten bereit sind angemessene Preise zu zahlen. Le-

sen Sie bitte noch mal das Fettgedruckte auf Seite 122.

Um die kindische Gier nach immer absurderem Konsumgerümpel und immer mehr sozialer Bevormundung zu decken ist häufig Betrug der letzte Ausweg. In erster Linie durch den Staat! Aber, wo immer es sich aufdrängt, auch durch die Privatwirtschaft.

Der zeitgemäße Konsument wünscht dieses System ausdrücklich, er bestätigt es alle vier Jahre an der Wahlurne.

Die sogenannte Corona „Pandemie" hat auf bitterste Weise bestätigt, daß der „mündige Bürger" von der politischen Manövriermasse zur reinen Verwertungsmasse degradiert ist. Ohne Rücksicht auf seriöse Wissenschaft, auf Menschenrechte und Verhältnismäßigkeit der Mittel verzichtet er auf jegliche Selbstachtung und Eigenverantwortung. Er wünscht das ewige, naturgegebene „Geldprinzip" von Schuld und Leistung abzuwerfen.

Und was dem Durchschnittswähler recht ist, kann den großen Investoren nur billig sein. Wenn der gemeine Konsument seinen Geist für ein leistungsloses Grundeinkommen (welcher Name auch immer dafür erfunden wird) aufgeben darf, steht das den großen Investoren erst recht zu. Ganz ohne Produktion oder Dienstleistung „vermehren" sich Riesenvermögen durch ihre bloße Existenz. Da geht´s nicht mal mehr um Akkuschrauber, Tablets oder blinkende Turnschuhe. Da interessieren nicht mal mehr die (erlogenen?) Geschichtchen hinter den Investment Modellen. Da geht´s nur noch um virtuelle, digitale Zinsdifferenzen, Kursschwankungen, Kryptoinvestments, Termingeschäfte oder Derivate. Transaktionen, ausgeführt von Computerprogrammen, programmiert von digitalen Nullen, deren Leben und Weltbild in ein Smartphone paßt.

Der desinfizierte, vegane, grenzenlose (!) Sozialstaat ist das Grundmodell zu dieser Idee. Schuldverhältnisse zu schaffen, für „alle" - ohne Leistung! Nur sind seine Repräsentanten zu nachhaltig dumm, um zu erkennen, daß dies gesellschaftlicher Suizid ist.

So entstehen gewaltige Schuldenblasen, deren Deckung hoffnungslos sind. Schuld? Die sogenannte, böse Finanzwirtschaft.

Hier hat sich aber keine böse Finanzwelt von der realen Wirtschaft abgekoppelt, sondern sich in Wahrheit nur den Wünschen eines widernatürlichen, politischen Anspruchsdenkens genau angepaßt!

Das mag natürlich niemand hören, denn das betrifft jeden von uns direkt und ganz persönlich.

Viel bequemer ist das wohlfeile Gejammer über die kriminellen Machenschaften übler Finanzjongleure, für die hinterher der Steuerzahler gerade stehen soll.
Es ist die volkstümliche Formel von der „Privatisierung der Gewinne und der Sozialisierung der Verluste“. Dem liegt ein fataler Beobachtungsfehler zugrunde.
Die private Nutzung der Gewinne wird nämlich bei einer „Fiat - Währung“ ebenso sozialisiert wie die Verluste. Die Aufhäufung und Nutzung von Geldvermögen, ist schließlich nur möglich, weil sich andere zuvor in genau der Höhe dieser Vermögen verschuldet haben. Die Bilanz ist immer ausgeglichen.
Geld = Schulden, die wir alle durch Leistung decken. Dieser Zustand ist gesellschaftlich akzeptiert. Das bleibt auch so, solange jeder Marktteilnehmer hoffen kann, soviel Geld (Schulden) wie möglich zum ganz persönlichen Gebrauch gegen entsprechende Leistung einzustreichen.
Solange für den eigenen Beutel genug hängen bleibt, wird auch den schlimmsten Finanzgaunern der Bonus gegönnt. Fragen der Ethik tauchen merkwürdigerweise erst auf, wenn der eigene Schuldendruck unerträglich steigt. Vorher waren die Geschäfte der Banker und Broker aber genau so fragwürdig. Obwohl die

den Anlegern genau das erzählt haben, was die hören wollten. Der Betrug ist - wie beim Wählen gehen - ausdrücklich erwünscht!
Deshalb trägt die Haftungsgemeinschaft der Währung den Reichtum der „Heuschrecken" ohne großes Murren mit.
Geld setzt sich über alle Ideologien hinweg.

Was wir aber gegenwärtig erleben, ist der Versuch der Auflösung des natürlichen Prinzips von Schuld und Leistung. Politische Traumtänzer und Spinner nennen das gern vollmundig die große „Umfairteilung" oder die „Abschaffung des Geldes". Vergessen Sie´s. Geld läßt sich nicht abschaffen. Die logische Folge solch kranker Irrlehren ist lediglich eine monströse Finanzwirtschaft, die nichts weiter will, als das, was der Staat ihr vorführt: Geld ohne Leistung!

Noch mehr Gewinne ohne Leistung...

Das ist die Gelegenheit, den Blick mal auf die Architekten der Misere zu richten. Auf jene Figuren, von denen sich viele die Errettung aus dem Finanzmoloch erhoffen, die Politiker. Ausgerechnet von denen erwarten viele Kapitalismus - Kritiker die Rettung. Rettung durch Finanzmarktregulierung, Transaktionssteuern,

Banken - Kontrolle, Gesetze, Beschränkungen und Verbote. Bedauerlicherweise haben sich, im kleinen Vorcrash von 2008, gerade die öffentlichen Landesbanken und Finanzministerien als Tempel der Dummheit erwiesen. Geführt von Leuten, die direkt von der Hochschule oder der Parteizentrale in eine hochdotierte „Arbeitslosigkeit" befördert werden. Leute, die nie im Leben eine wirklich zündende Idee hatten, niemals ihr Einkommen erarbeiten mußten. Gefüttert und aufgewachsen mit unnützem Wissen a la Pierre-Joseph Proudhon (Eigentum ist Diebstahl).

Ein alter Bauer aus dem Lipperland weiß es besser: „Geld is wie Wader, das find´ immer seinen Weech." Und es fand seinen Weg! In Form von faulen, milliardenschweren Kreditpaketen, landete es vor allem in den Bilanzen „studierter" Landesbanker.

In Geldangelegenheiten gilt die Grundregel: Wenn Sie schon unbedingt wählen müssen, zwischen einem Verbrecher oder einem Schwachkopf als Verhandlungs- oder Geschäftspartner, wählen Sie den Verbrecher! Denn es gibt ein gemeinsames Ziel: Rendite, Gewinn oder wenn Sie so wollen, Beute.

Das aber erfordert ein Mindestmaß an Wissen, Geschicklichkeit und Vernunft. Aber das Wichtigste: Solche Partner sind berechenbar.

Bei Schwachköpfen finden sich solche „Geld-Tugenden“ nur rein zufällig und bei derzeitigen Politikern überhaupt nicht.
Zur Beweisführung brauchen wir nicht mal in die große Weltpolitik gehen. Der Bund der Steuerzahler dokumentiert anschaulich auf seiner Webseite, wie viele Milliarden jährlich verballert werden. Schauen Sie mal drauf.
Hier ist die Rede von Schuldendiensten (Steuern) ohne jede Gegenleistung. Dazu kommen Großprojekte, mit aberwitzigen Kostensteigerungen und Fehlplanungen, wie der Schürmann-Bau (1992 !), Stuttgart 21 oder dieser lächerliche Flughafen in Berlin. In Kassel wird ein Regionalflugplatz mit Blasmusik eröffnet. Einen Tag später wird er mangels Passagieraufkommen schon nicht mehr angeflogen. Die Urlauber müssen von Paderborn aus starten. Zahlen, leisten darf (bis heute!) der Steuerzahler. Solche Kleingeld - Späßchen wie die Rechtschreibreform 1996 (rund 300 Millionen DM) oder die Sanierung der Gorch Fock (135 Millionen statt 10 Millionen EUR), können hier großzügig unter den Tisch fallen.
Federführend finden wir hier wieder Politiker und deren hochdotierte „Experten“. Schon wieder riesige Schuldendienste, mit unangemessener „Gegenleistung“, in deren zweifel-

haften Genuß vielleicht erst unsere Enkel kommen.

Brüsseler Spitzen

Das sind aber nur Trinkgelder, im Vergleich zu den gigantischen Summen, die sich der Europäer seinen „Europäischen Gedanken" kosten läßt. Das „System Brüssel" ist ein historisch einmalig geldsaufendes Monster. Selbst wahnsinnige Gottkönige des Altertums hätten Hemmungen gehabt einen solchen Aufwand zu treiben. Das Schuldengebirge „Euro" ist hier nicht einmal berücksichtigt.
Genau hier, in den Glaspalästen von Straßburg und Brüssel, urlauben abgelegte Politiker, die nicht mal die kümmerlichen Ansprüche einer Gemeinde (z.B. Würselen) erfüllen. Sie stopfen sich die Taschen mit öffentlichen Geldern voll und sollen wacker zu Felde ziehen gegen Schattenbanken, Steuerhinterziehung und Casino - Kapitalismus??
Immer mehr dieser Damen und Herren werden erwischt. Allesamt tief verstrickt in Lobbyismus und Schattenwirtschaft, beim Verteilen öffentlicher Pfründe an Klienten, Konzerne und die eigene Familie. Anschließend finden wir sie im Spielcasino, mit ihrem Börsenbroker. Diese Figuren verstehen sich prächtig

mit den „bösen Buben“ aus der Finanzwirtschaft.
Man muß noch dankbar sein, wenn die leistungslos erschwindelten Bezüge der EU – Beamtenschaft anschließend wieder in Luxusautos, Yachten, Bordell–Besuchen, Fernreisen und Immobilien investiert werden.
Pardon, ich muß mich korrigieren. Leistungslos sind diese Bezüge (Schuldverhältnisse) natürlich nicht. Das immerhin haben wir ja jetzt gelernt. Es sind aber nicht die Empfänger dieser Bezüge, jedoch die Steuerzahler, die geleistet haben. Geld verschwindet eben nie.
Unter diesem Gesichtspunkt lassen Sie dann bitte mal den infantilen Jubel auf sich wirken, der immer ausbricht, wenn offizielle „Qualitätsmedien“ wieder mal mit sensationellen Enthüllungen über die Tricks und Finanzplätze der Reichen aufwarten. Dort hörte man über zwei Jahre kein Wort von den verbrecherischen Geschäften der Politiker mit Milliarden von Corona Teststäbchen, demütigenden „Schutzmasken“ und, wie von Anfang an von „Verschwörern“ und „Querdenkern“ erkannt wurde, hochgefährlichen „Impfstoffen“.
Aber mit einer Zweidrittelmehrheit im Parlament, wird auch aus einer gigantischen Steuerhinterziehung ein (Infektionsschutz-) Ge-

setz." Kapitel „Problem Staatsschulden" (Fettgedruckt S. 115). Erinnern Sie sich?

Soweit der Blick durch das Vergrößerungsglas. Was wir dort entdecken, sind wir selbst. Wir wollen all das. Das Geldsystem, die Kredite, Schulden, Aktien, Tilgungen, Steuern, die Shopping-Queen, den ganzen Scheiß. Nur eines wollen wir offensichtlich auf keinen Fall mehr: In Würde leben und verantwortlich handeln.

SCHWARZGELD GIBT´S NICHT !

Es gibt kein „Schwarzgeld". Vergessen Sie´s. Es gibt nur Ansprüche auf Forderungen, die von „Unbefugten" realisiert werden. Private Organisationen nennen diese Forderungen mitunter „Schutzgeld", die Finanzämter nennen sowas: „Schwarzgeld".
Was aber ist dann „sauberes Geld"? Die Antwort ist ernüchternd: **Was „sauberes Geld" ist, darüber entscheiden die Inhaber und die Masse der Schuldverschreibungen (Gelder) selbst.**
Tja, mal sehen. Wenn der Pate in seinem Bezirk ein paar Millionen Schutzgelder bar kassiert hat, nennt das Finanzamt das „Schwarzgeld". Der Pate müßte es an einen Finanzplatz bringen, dort einzahlen oder sich an einer Briefkastenfirma beteiligen, die ihm eigentlich selbst gehört. Das wäre dann Geldwäsche. Böser, böser Pate.
Deshalb sammelt er die Schutzgelder nicht durch üble Finsterlinge ein, sondern schickt seinen „Klienten" überteuerte Rechnungen. Für Kneipenstühle, Eismaschinen, Lederjacken, Klimaanlagen und anderes Gerümpel, das weder bestellt noch geliefert wird. Die Finsterlinge tauchen nur auf, wenn nicht bezahlt wird und hauen auf´s Maul. Das wäre

dann heute üblicher, geregelter Geschäftsverkehr. Guter Pate!
Die Millionen auf seinem Konto kann er nun steuergünstig und ganz legal an einen Finanzplatz überweisen.
Die Erpressung, die Straftat, interessiert das Finanzamt nun nicht mehr. Denn es ist jetzt an der Straftat beteiligt. Es entscheidet: Sauberes Geld. Alles gut!
Dieses Prinzip gilt auch für die Trinkwasserproduktion, Soziale Netzwerke, Tablets, Panzer oder auch für die Erforschung und Herstellung von Impfstoffen.
Kommen Sie mir nicht mit dem Einwand, das Finanzamt wisse ja nicht, woher das Geld stammt. Nicht mal Finanzbeamte sind so dämlich, daß sie in den einschlägigen Fällen nicht genau wissen, was da läuft. Sie sind Mitwisser. Manchmal ganz offiziell.
Jahrzehntelang war das deutsche Glücksspielmonopol uneingeschränkt in staatlicher Hand. Praktisch ist es das noch. Die tiefe Verstrickung vieler Betreiber mit dem organisierten Verbrechen stört die Finanzämter bis heute nicht. Und die Verstrickung großer Stiftungen mit - sagen wir mal zum Beispiel - der WHO stört Finanzämter schon gar nicht.

Sie haben einfach dem Gesetz zu gehorchen das da sagt: **Nicht das Geschäft ist kriminell, den Staat nicht zu beteiligen ist kriminell.**
Aber der Pate hat auch seine Gesetze. Vielleicht ist er eine empfindsame Seele. Dann wird er das Schutzgeld, das seine Jungs aus den Kneipern und Nutten herausprügeln, doch lieber bar einsammeln. Sein Gewissen ist nun besonders rein, weil er den Staat nicht zum Mitwisser seiner Geschäfte macht. Auch für ihn ist es nicht kriminell, dieses Geld zu erpressen, für ihn ist es kriminell dumm, das nicht zu tun. Das ist auch die Logik des Finanzamtes, das mit gestohlenen Daten sein „Schutzgeld erpresst". Für das Finanzamt ist es sauberes Geld. Für den Paten auch.
Jahre später wird er einen multikulturellen, veganen, CO2 neutralen Kindergarten stiften. In der Lokalzeitung sehen wir ihn bei der Einweihung mit der grünen Bürgermeisterin und dem Landesbischof. Bei der Gelegenheit wird der Pate ein paar warme Worte zur Bekämpfung von Haß und Populismus sprechen. Den Chef des örtlichen Finanzamtes und des Landesrechnungshofes trifft er später und etwas privater in der Pornosauna. Kurz darauf sammelt er vielleicht noch eine halbe Million Euro Landeszuschüsse ein, für sein antirassistisches Genderprojekt an Schulen.

Sie sind verstört? So läuft es. Es war nie anders. Es wird so weiterlaufen.
Vor etwa 60 Jahren sammelten andere „Paten“ Gelder ein. Sie sollten die Beschaffung von rund 2000 HS 30 - Schützenpanzern für die junge Bundeswehr, etwas beschleunigen. Wie viele von den Millionen in den Taschen der Minister, Offiziere oder Parteikassen verschwunden sind, läßt sich nur ungefähr schätzen. Das Verfahren gegen die Herren und den Rüstungskonzern Hispano - Suiza mußte eingestellt werden. Waren die Schmiergelder nun wieder „sauber“? Und bei der Flick - Affäre, beim Bau des Rhein - Main - Donau Kanals? Beim „Neue Heimat“ Skandal, Stuttgart 21, Flughafen Berlin Brandenburg, Gorch Fock, Bundeswehrberatern, Impfdosen Bestellungen und so weiter und so weiter und so weiter ...
Für die Empfänger waren die Gelder nie „schmutzig“!
Schuldverhältnisse legalisieren sich, durch ihr bloßes Dasein!!! Wer den Kredit gegeben hat, will selbst über Verwendung und Beteiligungen entscheiden und wird auch die Tilgung durchsetzen.
Vergessen Sie in diesem Zusammenhang auch ganz schnell das sogenannte „Geldwäschegesetz“.

Geld braucht nicht gewaschen zu werden. Schuldverhältnisse sind immer glasklar.

Spätestens seit den 1920er Jahren ist es kaum mehr möglich, die Praktiken und Verhaltensmuster angeblich korrekter Politiker, von denen angeblich krimineller Wirtschaftsbosse zu unterscheiden. Keine zwei Menschenalter später sind sie zu einer Symbiose verschmolzen. Wir sehen einen sogenannten Sozialdemokraten Vorträge bei Banken halten. Die Verhöhnung der Steuerzahler besteht darin, daß dieser ohnehin gutbezahlte Mann dafür auch noch Höchstpreise nimmt. Das soll „sauberes Geld" sein? Aber sicher! Das ist es!

Ein paar Blocks weiter rackert sich eine Studentin in einer Kneipe, drei Nächte die Woche, den Arsch ab, um das WG - Zimmer bezahlen zu können. Da sie tüchtig ist, steckt ihr der Wirt gelegentlich einen Schein zu. Das soll „schmutziges Geld" sein?

Herr Steinbrück wurde erwischt und Kanzlerkandidat. Die Studentin, wenn sie erwischt wird, ist ein Fall für die Finanzbehörden. Der Wirt gleich mit. An ihren Händen klebt „schmutziges Geld".

Geld und „Freiheit"

Der landläufige Freiheitsbegriff taugt gerade noch um Heißwürstchen, Sportwagen oder Naßrasierer in stupiden Werbespots zu verkaufen. Aber Freiheit an sich, existiert nicht.

Im Zusammenhang mit Geld wird gerne vom „freien Markt" schwadroniert. Die Idee ist nicht schlecht. Jeder der mag soll unbehindert von Behörden und gesetzlichen Beschränkungen seinen Laden aufmachen können. Richtig so!
Irgendwann sind die Schikanen der Ämter überstanden - dann stellt sich schnell heraus, daß es da noch was anderes schlimmes gibt. Die Konkurrenz!
Mit „Freiheit" ist auf dem Markt leider immer gemeint, seine Brötchen, ungestört von einem anderen Bäcker zu verkaufen. Dieser Bäcker ist noch immer beseitigt oder geschluckt worden. Ausnahmen sind nicht bekannt.
Dem wirklich „freien Markt" steht etwas im Wege, das vorher beseitigt werden müßte: Der Mensch. Er bringt einfach nicht die Disziplin auf, um so etwas wie „Freiheit" zu ertragen.
Auf den halben Umsatz zu verzichten, um den Bäcker nebenan am Leben zu halten ist in unserer Determinierung nicht vorgesehen, oft

auch nicht möglich. Die beste Lösung haben uns noch die Adelsdynastien vorgelebt: - Den Konkurrenzbäcker einfach heiraten - tu felix austria nube...
Praxis ist jedoch zu tun was irgend möglich ist, um alleine „frei zu sein". Die bewährteste, traditionelle Methode ist es: Einfach besser zu sein, als der Andere. Das ist der Idealzustand eines „freien" Marktes. Innovation, Wettbewerb, Leistung und Produktion. Bis zu einer gewissen Größenordnung der Bewerber auf dem Markt geht das gut. Sehr spezialisierte, pfiffige Unternehmen können sich auch gegen größere, sogar viel größere Konkurrenten durchsetzen. Beate Uhse wird der Satz zugeschrieben: „Nicht die Großen werden die Kleinen fressen, sondern die Schnellen die Langsamen." Da ist was dran. Bei den Sauriern hat das noch funktioniert. Aber die mußten sich auch ohne EU - Subventionen oder staatliche Zuschüsse am Leben halten. Sie waren niemals Systemrelevant (!).
Wenn Unternehmen diesen Status erreichen, das kann schon für eine Gemeinde oder einen Landkreis gelten, dann müssen sie nicht mehr „schnell" oder innovativ sein. Dann müssen sie einfach nur noch da sein.
Und das sind in aller Regel die ganz Großen. Sie sind so frei, ihre Steuersätze per Lobbyis-

mus selbst festzulegen. Die Differenz zu den horrenden Lohnsteuersätzen der Kassiererin im Discounter müßte eigentlich „Schwarzgeld“ sein. Wenn Sie das dem Finanzbeamten erzählen, wird der nur hilflos blinzeln. Was der nie begreifen kann, ist:
Ob Geld sauber oder schmutzig ist, entscheidet allein die Masse der aufgelaufenen Schuldverhältnisse. Wenn sie groß genug ist, findet sich immer ein Mittel (Schußwaffen oder Gesetze), um den Schuldendienst durchzusetzen.
Das sogenannte Recht folgt der Schwerkraft des Geldes. Geld hat nichts mit Ethik zu tun, eher noch mit Epik.
Deshalb gibt´s Panzer für die Ukraine und deshalb werden alle Impfdosen gespritzt. Koste es was es wolle. Offiziell kein schmutziges Geschäft.
Der einzig vorstellbare Schmutz in dieser Sorte Bilanzen - ist das Verlustgeschäft.
Schwarzgeld? Vergessen Sie´s.
Aber: Nicht vergessen: Immer schön sauber bleiben!

GELD UND CRASH

Ist der Crash unvermeidlich? Bei unserer absurden Lebensführung - hoffnungslos unvermeidlich! Unsere überzogenen Ansprüche bedürfen immer wieder mal der Demütigung. Das „Instrument“ dafür ist **der Crash. Er ist, wie Scheißwetter (oder Geld), naturgesetzlich.**

Natürlich könnte man den Zyklus von Crash zu Crash sehr verlängern. Theoretisch. Dazu müßten wir aber alle mustergültige Preußen sein.

Genügsam, sparsam, pflichttreu und diszipliniert. Den Mantel tragen, bis er nicht mehr paßt und ihn dann dem Sohn vererben. Schuhe immer wieder besohlen lassen, bis das Chassis völlig hin ist. Außerdem Urlaub machen im eigenen Garten und bei der Gelegenheit den klapprigen Zaun schon wieder reparieren.

Der „Finanzwirtschaft“ käme dann nur eine Rolle als Begleiter der braven „Realwirtschaft“ zu. Deshalb müßte man nicht gleich ganz auf Derivate, Leerverkäufe oder Investmentfonds verzichten. Aber die würden dann als elitäres Randgeschäft an den Börsen nur ungefähr das

abbilden, was in Produktion, Handel oder Dienstleistung gerade so los ist.
Das ergäbe eine sehr schwache Wachstumskurve, die theoretisch viele Generationen crashfrei ansteigen könnte. Aber Sie merken schon, viel Spaß oder Kultur bleibt da nicht hängen. Das ist was für Ameisen oder Nordkoreaner. Sogar der Alte Fritz gönnte sich ab und zu eine neue Querflöte, Gemälde und eine Pulle guten Weines.

Und abgesehen vom gebremsten Konsumspaß (was ja durchaus vernünftig wäre), ist das Ganze auch nicht praktikabel. Dem steht nämlich noch etwas unausrottbares entgegen: Das sogenannte richtige Leben.
Und da nutzt die ganze Genügsamkeit nicht viel. Unwetter, Mißernten, Überfälle von den lieben Nachbarn, Heuschrecken, kluge Corona Maßnahmen, echte Seuchen oder Erdbeben, haben immer wieder die Arbeit ganzer Generationen zerstört. Das alles sind auch „Crashs" gewesen.
Die Vernichtung aller Ansprüche aus Schuldverhältnissen, die Vernichtung von Gewinnerwartungen aus Arbeit oder Vorleistung, ist der Mensch entwicklungsgeschichtlich gewohnt. Die Natur, zu der wir heute so freund-

lich sein wollen, hat häufig alle Werke des Menschen zertrampelt.
Da liefern Gier, kriminelle Energie, Prunksucht, Doofheit, Krieg und Eitelkeit, als weitere Crashursachen lediglich unseren eigenen, zivilisatorischen Anteil.
Man könnte sagen: Der Crash wird vom Menschen als artgerechte Haltung empfunden. Das ist nicht erst seit der „Corona-Krise" bewiesen, die eindeutig nicht unter „natürliche Crashursachen" fällt, sondern eben unter kriminelle Energie, Gier und Doofheit… .
Den Crash verhindern? Glauben Sie mir, das wollen wir gar nicht. Wir stehen drauf...

Crash - Vorhersage ?

Crash-Literatur gibt es Waggonweise. „Wann kommt der Crash? Der Crash rückt immer näher! Crashkurs, Crash - Prognose, Crashfieber, Wirtschaftscrash, Börsencrash, Megacrash, Gigacrash…"
Recht haben sie alle. Irgendwie. Aber Sie brauchen kein studierter Meteorologe zu sein um treffend vorher zu sagen: Das nächste Gewitter kommt bestimmt. Der Witz liegt eben darin, den Zeitpunkt einigermaßen genau zu bestimmen.

Paul C. Martin hat den Zusammenbruch bereits in den 80ern angedroht. In seinem bereits erwähnten Buch „Wann kommt der Staatsbankrott“ kündigt er mutig an: „...selbst wenn der Staat alle sonstigen Ausgaben ersatzlos streichen könnte, bräche die Bundesrepublik Deutschland spätestens im Jahre 2012 finanziell zusammen. So oder so.“
Na und? – fragen seine Kritiker, wo ist denn nun der große Crash geblieben?
Er war da! Er ist nur für die Meisten von uns völlig lautlos abgelaufen.
Zunächst hatte Deutschland Glück, weil die Mauer fiel. Die bloße Masse eines ganzen Teilstaates erhöht die Kreditlinie für Außenstehende enorm. Stellen Sie sich vor, Sie sind pleite und erben plötzlich eine Villa. Ihre Gläubiger werden nun noch etwas stillhalten. Intern (z. B. bei der Deutschen Bank) wußte man sehr gut, daß die Übernahme der DDR zunächst mal die Übernahme von riesigen Schulden bedeutete, die nicht zu realisieren waren. Also, die geerbte Villa war ein Sanierungsfall.
Schulden, für die auch Deutschland als Ganzes nicht mehr aufkommen konnte.
Dann kam der Crash. Der Euro. Sie haben richtig gehört.

Blättern Sie noch mal zurück „Problem Staatsschulden“. Der Crash wurde aufgefangen in einer Währungsreform. Nichts anderes war die Euro - Einführung. Die Verteilung unbezahlbarer Schulden auf Dritte und eine schleichende Teuerung. Der Crash wurde vorläufig abgefedert, von einem riesigen Airbag: der Gemeinschaftswährung.
Die harten Crashs genau vorauszusehen ist verdammt verzwickt. Wem das je gelungen ist, der hat meistens nur Glück gehabt.
Dirk Müller (Mr. DAX) vergleicht diese Herausforderung sehr treffend mit der Erdbeben Vorhersage. Über Jahrzehnte, Jahrhunderte, Jahrtausende, bauen sich immer größere tektonische Spannungen auf, bis es kracht. Es muß krachen! Aber wann? Das kann morgen Nachmittag sein oder in 400 Jahren.
So sieht´s auch mit Finanz-Crashs aus. So war es 1907, 1923, 1929, 2008 und so ist es jetzt wieder. Die Vorzeichen sind ganz deutlich, alle Bedingungen sind erfüllt und doch scheint es immer ein Blitz aus heiterem Himmel zu sein.
Kann man vorsorgen? Weglaufen? Gibt´s eine Art „Finanzbunker“ in dem man den Schlag aussitzen kann? Mit Gold? Mit „crashsicheren Fonds“? Mit Konserven und Schußwaffen?

Die Crash-Literatur verdient kräftig mit guten Ratschlägen zu dem Thema.

Und viele stürzen sich darauf. Völlig verständlich. **Denn die Politik hat der „Realwirtschaft“ in der „Corona Krise“ eine bittere Lektion erteilt: Arbeit und Produktion lohnen sich nicht! Also ab mit dem Kapital in die Finanzwirtschaft.** Herzlichen Glückwunsch!
Es sind Versuche, aus einer idiotischen Wirtschaftspolitik und einer verfaulenden Nullzins Währungsblase auszusteigen. Das geht zum Teil mit Investitionen. Kein Experte weiß, was in einem Jahr der Euro noch taugt. Aber eine solide Drehmaschine, Solaranlage, ein Schiffsdiesel oder Heizkessel, „Made in Germany“ – das hält ´ne Weile. Wenn es einer kauft…
Andere gehen in Immobilien, Gold oder Beteiligungen im Ausland, denen sie mehr vertrauen als dem Euro. Es ist grotesk. Ausgerechnet strunzdumme Politiker, die pausenlos über die Finanzwirtschaft hetzen, treiben die letzten Leistungsträger in deren Arme.
Wer kaum Geld hat, könnte dies (im Moment noch) von der Bank abholen und unter die Matratze schieben. Vielleicht noch gesplittet in ein paar Fremdwährungen. Es bringt dort jedenfalls mehr Zinsen als auf der Bank. In süd-

europäischen Ländern findet das schon seit langem statt. Und der perfide Versuch der Staaten, gesetzliche Zahlungmittel (Bargeld) abzuschaffen oder zu kriminalisieren zeigt, daß diese Leute auf der richtigen Spur sind.

Es zeigt auch sehr schön, wie deutlich doch viele den Vorhof der Katastrophe erkennen können. Eine präzise Crash-Vorhersage ist aber immer sehr schwierig. Denn alle Beteiligten, von den Großbanken bis zum Fleischer an der Ecke, kleben verzweifelt an ihren Hoffnungen (Forderungen). Das kann sich ziehen.

Crash – Verschwörung ?

An der stetigen Entwicklung zur Überschuldung sind wir alle fleißig beteiligt.
Aber den Crash auslösen können wirklich nur eine Handvoll potente Gläubiger, verteilt über die Finanzplätze der Welt. Oder die Zentralbanken. Und sie tun es, um potent zu bleiben.

Dem Crash geht immer ein Leistungsausfall voraus. Dann die Kündigung der Kredite. Die Gläubiger – Schuldner - Kette wird unterbrochen. Das ist bei ganzen Staaten nicht anders als bei verschuldeten Familien. Neuerdings versuchen Ihnen sogenannte Experten einzureden, Staaten könnten nie Pleite gehen - vergessen Sie´s ganz schnell. Blicken Sie nach Griechenland, Venezuela, Argentinien u.s.w. oder in den Spiegel. Deutschland selbst war, „vor kurzem", nämlich 1918, 1923, 1945, vollkommen fertig (und steht jetzt wieder davor).

Der Anlaß, Kredite zu kündigen, ist im Normalfall eine „Bereinigung" der Bücher. Der Kreditgeber will endlich wissen, „wie viel von meinen Forderungen sind überhaupt noch zu realisieren? Wieviel Substanz ist noch da?"
Wohlgemerkt, es geht auch um die eigene Substanz! Der des Schuldners vertraut jetzt schon längst keiner mehr. Den Kredit zu kündigen ist auch für den Gläubiger kein leichter Schritt. Denn es geht dabei immer um „die Stunde der Wahrheit", um das jüngste Gericht. Deshalb quälen sich die EU-Finanzminister auch so herum, mit drastischen Maßnahmen gegen Bilanzbetrüger und säumige Zahler innerhalb der Währungsgemeinschaft. Man kann es nicht nur an Griechenland sehr schön beobachten oder am berüchtigten „EU Target2" System, das aus wirklichen Zahlungen ein virtuelles Kreditkarussell macht. Es hängt auch damit zusammen, das sie allesamt selbst irgendwie Bilanzbetrüger sind.

Sie mögen weder sich selbst, noch ihren Schutzbefohlenen Landeskindern (den Gläubigern der EZB) eingestehen, daß die Schuldenwelle sich schon über uns allen zum Brecher, zur Tsunami aufbäumt.
Der kleine Zyperncrash, 2013, war so etwas wie eine Zuchtmaßnahme der EZB gegen einen bockigen Schüler.
An einem Riesen – Crash, also der Schließung der ganzen Schule, kann die EZB kein Interesse haben. Das aber droht, wenn der nächste „bockige Schüler", (Brexit, Italien und immer noch Griechenland…)), der „Schuldenfalle Euro" zu entwischen sucht. Und es gibt Haie im internationalen Schuldenmeer, die dem Zusammenbruch der Euro–Zone nicht nachtrauern werden.
So herrscht in den verspiegelten Glastürmen der Banken (verspiegelt, damit man nicht durchblicken kann...) emsiges Treiben. Die Damen und Herren, die dort konferieren, koalieren, infiltrieren, intrigieren, kreditieren und finanzieren, wissen sehr genau, der größte Haufen Schulden (Geld) taugt zu nichts, wenn man ihn nicht kontrollieren kann. Und kontrollieren heißt nichts anderes, als den Schuldendienst, die Leistung durchzusetzen.
Hier ist die Rede von Wasserrechten, Anbauflächen, Rohstoffen, Lohnsklaven–Völkern,

Fischgründen, Patenten, Produktionsverfahren und natürlich von der Gewalt über die Nachrichten- und Informationstechnik, im Weltmaßstab. Oder von faulen Kreditpaketen - auch im Weltmaßstab…
Das ist die ganz große „Welt - Kneipe", in der auch Europa nur einer der Gäste ist. Niemand hat uns gezwungen sie zu betreten. Aber wir wollten ja unbedingt mit den großen Onkels an der Theke sitzen und mit saufen, anstatt erst mal unsere eigenen Schulden zu tilgen. Wie einst, vor dem Ersten Weltkrieg, als wir noch zweiter Geschäftsführer in dieser Kneipe waren.

Die Anderen prosten uns freundlich zu und wünschen uns alles Gute. Manchmal bezahlt man sich sogar gegenseitig einen kleinen Deckel. Aber keiner wird auch nur zögern, den anderen, wenn möglich, vom Barhocker zu werfen.
Was die EZB mit Zypern gemacht hat, was sie demnächst mit Griechenland & Co machen wird, werden die großen Onkels aus Asien oder den USA mit uns versuchen.
Nicht nur zum Spaß oder aus Machtgier. Das sind nur die erbärmlichen Zutaten in einem Eintopf, der schon zu Zeiten der Urschuld angesetzt wurde.

Wer den Crash auslöst steht selbst unter Zugzwang. Er muß dies tun, bevor die Schuldenwelle für ihn selbst zum „Brecher" wird. Es bleibt dabei: **Geld zwingt durch seine bloße Masse zum Handeln**.
Außerdem zeigen die großen Onkels gleichfalls Anzeichen von Schwindsucht. Jeder große Crash verursacht auch Beulen am eigenen Kotflügel. Ähnlich wie beim Stockcar - Rennen. So versuchen alle, die genug „Masse" haben, den richtigen Zeitpunkt zu finden und sich so zu positionieren, daß möglichst nur Karosserieteile abgerissen werden. Die Maschine soll weiterlaufen. Im Idealfall bleibt sogar ein Nutzen. Nämlich haufenweise erbeutete Schulden, für die sichere Dienste zu erwarten sind.
Beim großen Crash 1929 an der Wall Street haben wir den ersten großen Zusammenbruch der Moderne miterlebt. Damals war es das Bankhaus J.P. Morgan, das aus dem Crash als großer Nutznießer hervorging. Natürlich ranken sich sofort wieder Theorien von Geheimtreffen und Verschwörungen um diesen Namen. Denn den Bankenkrach von 2008 hat schon wieder J.P. Morgan gestärkt überstanden. Aber es ist eine schlichte Frage der Physik, daß einer das Chaos überleben muß.

Wir sind wieder bei den staunenden Kreationisten, die sich wundern, daß ihre Fernsehzeitung immer so genau mit dem gesendeten Programm übereinstimmt. Tja, da muß doch was faul sein...

GELD UND GOLD

Die Zwei haben weniger miteinander zu tun als man gemeinhin glauben möchte. Natürlich denkt jeder sofort an Goldmünzen. Aber für ein solides Währungssystem ist es nicht entscheidend, ob die Münzen aus Eisenblech oder Gold sind.
In beiden Fällen handelt es sich um eine Leistungszusage. Solange die gedeckt ist, reichen auch Blech, Holz, Muscheln oder sogar Euro – Münzen.
Natürlich hat Gold (oder Silber) einen unschlagbaren Vorteil. Die Münze ist nämlich nicht nur die Leistungszusage, sondern schon die Leistung selbst. Das makellose, unverderbliche Äußere, die Handlichkeit und der Kurswert, machen Gold zu einer umlauffähigen und sofort einlösbaren Schuldoption. Ohne „Fiatwährung" und ohne Notenbank!

Das ist es ja eben, was Söldner so sehr an der Kriegskasse schätzten. Ein mobiles Zahlungsmittel, das sich übrigens auch sehr schön plündern ließ. Das Militär, ich erwähnte es schon weiter oben, war der Geburtshelfer der Münze.

Später diente Gold zur Besicherung ganzer Währungen. Der sogenannte Goldstandard ist ziemlich modern. Er ist Folge der Industrialisierung im 18. und 19. Jahrhundert. Moderne Industriearbeiter stellen an Zahlungsmittel eben die gleichen Ansprüche, wie früher die bewaffneten Landsknechte. Und genau wie die, organisieren sie sich, um eben diese Ansprüche durchzusetzen. Die antiken Söldner legten die Waffen nieder und gingen in den Aufstand gegen ihre „Arbeitgeber" - der heutige Arbeiter legt die Arbeit nieder und geht in den Ausstand. Alles des sogenannten „Geldes" wegen. Natürlich schleppen Arbeiter keine Kisten mehr mit Gold und Silbermünzen nach Hause, sondern Banknoten. Heute bekommt der Arbeitnehmer nicht einmal mehr gesetzliche Zahlungsmittel als Entlohnung, sondern nur noch eine Buchung auf sein Konto. Die Lohntüte, noch bis vor einem Menschenalter selbstverständlich, gehört der Geschichte an.

Im Idealfall würde bei der Notenbank genau der Wert in Gold hinterlegt, der den ausgegebenen Banknoten entspricht.

Damit wären die Schulden, welche die Notenbank bei den Inhabern der Banknoten hat, voll gedeckt. Im Idealfall... Die Golddeckung der Währungen bestand aber immer nur zum Teil. Immerhin wird diesen Tagen heute, in Zeiten der „Fiat Währungen", wehmütig nachgetrauert. Das ist, wie wir gesehen haben, ganz überflüssig.

Als 1944 abzusehen war, daß die „tausend Jahre" des Herrn Hitler sich dem Ende zuneigen, trafen sich in Bretton-Woods (New Hampshire, USA) die Sieger. Genauer gesagt, die Inhaber der größten Schuldverschreibungen. Ergebnis war die Weltbank und der internationale Währungsfonds (IWF). Die Währungen aller verschuldeten Siegermächte wurden nun nach dem Wert des Golddollars ausgerichtet. Diese „Golddeckung" hatte schon mehr dekorativen Charakter. Denn Golddollar (Scheine) gegen Gold einwechseln, mochte das US - Schatzamt (ab 1971) dann doch nicht mehr.

Bereits nach der ersten Runde des „zweiten 30-jährigen Krieges" (1914 - 1918) war für das alte, müde geprügelte Europa der Goldstandard nicht mehr praktikabel. In allen Ländern hatten die Inhaber von Goldzertifikaten das Versprechen ihrer Notenbanken beim Wort genommen und ihre Banknoten in Gold einzulösen versucht. Damit waren die Währungen

Europas praktisch ungedeckt. Und zwar schon kurz nach Ausbruch des Krieges.
Die zweite Runde des „zweiten 30-jährigen Krieges“ (1939 - 1945) führte dann (über Bretton-Woods eben) endgültig zu den heute üblichen „Fiat Währungen“, mit dem Dollar als Leitwährung.

Spielgeld - Spielgold ?

Zwar lagern die Staaten immer noch beträchtliche Goldreserven ein, aber mittlerweile dient Gold scheinbar hauptsächlich zur Unterhaltung, als Schmuck oder zum Aufputschen und natürlich als Spekulationsobjekt. Wie wenig ernst Währungshüter noch Gold nehmen, mag daran zu erkennen sein, daß z.B. Deutschland kaum die Hälfte seines eigenen Goldes selbst eingekellert hat. Der Rest liegt, wenn er überhaupt außer auf dem Papier existiert, in den USA und an anderen Finanzplätzen.
Das ist völlig idiotisch, weil es dem Sinn der Besicherung durch körperliche Hinterlegung des Goldes völlig widerspricht. Es paßt aber zu einer Gesellschaft, die Geld für ein „Tauschmittel“ hält.
Wenn Währungen wackeln, steigen die Preise für Sachwerte und der Goldpreis. Seit dem Lehman-Crash 2008 und in der „Corona De-

pression“ verkünden die Gold–Gurus wieder das ewige Wort vom Gold als Retter in der Krise. Tatsächlich scheint der Goldpreis rasant gestiegen zu sein. Aber Vorsicht!
Der ist nämlich nur nominal gestiegen. Der Goldpreis unterliegt kurzfristigen Stimmungsschwankungen wie eine hysterische Jungfer in den Wechseljahren. Damit läßt sich gut spekulieren. Die inflationsbereinigte, langfristige Goldpreisentwicklung scheint solide, ist aber nicht gerade rekordverdächtig.
Für das schnelle Geld mit Gold müssen Sie schon ein abgewichster Profi sein um zu erkennen, wann genau Gold gekauft und wieder verkauft werden muß, damit nach Gebühren und Steuern eine fette Rendite übrig bleibt.
Im Verkauf liegt, wie bei allem, das eigentliche Problem. Wenn nämlich das Streicheln der Goldbarren zur Erregung nicht der einzige Zweck des Goldbesitzes ist, muß sich das Zeug irgendwann verzinsen und in den gewünschten Wert gewandelt werden.
Dann sind wir aber wieder bei Bargeld, Immobilien, Konsumgütern oder irgendwelchen Finanzanlagen.
Das alles funktioniert jedoch nur in einem intakten Markt. Dieser Markt darf keuchen, stöhnen, überschuldet, sogar etwas panisch sein , aber er muß noch funktionieren, also der

„Schwerkraft des Geldes“ gehorchen. Dann läßt sich mit Gold erfolgreich spekulieren.
Wenn es aber wirklich kracht, bekommen Sie auf dem Schwarzmarkt für Ihre popeligen Krügerrand - Münzen ein paar Kartöffelchen und zwei bis drei Stück Briketts.
Ihre Goldzertifikate von der Bank sind dann längst beim Teufel, weil es sich nicht um körperlich hinterlegtes Gold handelt, sondern nur um eine goldpreisorientierte Anlage.
Und die Barren aus dem Schließfach hätten Sie vielleicht auch etwas früher beiseite schaffen sollen, bevor die verreckende Bank (oder der Staat) sie im Todeskampf als Sicherheit einziehen mußten. Manchmal lohnt es sich doch, das Kleingedruckte zu lesen.
Wenn Sie natürlich Land haben, mit einer bezahlten Immobilie drauf, ein paar Hühner und Ziegen und vor allem genug Waffen und Munition, dann können Sie die güldenen Münzen, Barren, Bestecke und Kandelaber von Leuten einsammeln, die sich mit Gold über die Krise retten wollten. Dann bestimmen Sie den Goldpreis!
Nach dem Zusammenbruch, wenn sich die legalen Märkte wieder bilden, können Sie dann spielen, mit Ihren billig erkauften Goldstücken.

Aktienhändler rechnen immer gerne (und nicht zu unrecht) vor, daß mit ihren Anlagen auch langfristig ein Vielfaches zu verdienen sei, im Vergleich zu Gold.
Aber – schon wieder Vorsicht! Ein wirklicher Wirtschaftscrash zerschlägt die meisten Werte. Wer garantiert Ihnen, daß die Papiere in Ihrem Panzerschrank in diesem Moment nicht zu Klopapier geworden sind? Zu Beginn der „Corona – Krise" hätten Sie mit Klopapier sogar noch Geschäfte machen können. Während dieser entwürdigenden Panikdemie jedoch, waren (sind?) lächerliche Teststäbchen, Gesichtsmasken und toxische Impfdosen erheblich mehr wert als Gold. Für ein paar Konzerne und Politiker…

In wirklichen Zusammenbrüchen werden außerdem Goldbesitzer sehr gern vom Staat einfach enteignet oder kriminalisiert. Genau das wird in Deutschland jetzt gerade durch die Hintertür geschoben. Der Gesetzgeber wird freie Goldkäufe kräftig weiter einschränken.
Wer mehr Gold will, muß sich bis auf seine digitalisierten Unterhosen ausziehen und kann jederzeit enteignet werden. Wie in den USA in der großen Depression, Anfang der 30er Jahre.

Als Krisensicherung ist Gold also fragwürdig. Es faßt sich bloß etwas besser an und sieht an einer schönen Frau vorteilhafter aus.

...sieht so aus wie seine Vergangenheit. Naturgesetze ändern sich nicht. Auf Schulden folgt immer die Tilgung, plus Zinsen. Einer muß immer leisten. Die Bilanz ist immer ausgeglichen. Das steht so fest, wie der Energieerhaltungssatz. Jeder Versuch dieses Verdikt zu durchbrechen, führt zu Differenzen und zwar nicht nur in der Bilanz. Dann folgen die gesellschaftlichen Entladungen. Zwischen Gläubigern und Schuldnern, Interessengruppen innerhalb der Gesellschaft oder zwischen ganzen Völkern. Es wird verhandelt, demonstriert, geprügelt und gebombt, bis ein Hauptschuldner übrigbleibt, der die Rechnung zahlt. Immer.
Es ist hoffnungslos politischen Traumtänzern diese ewigen Gesetze zu vermitteln, denn Dummheit macht glücklich. Nicht nur Politiker, sondern auch deren Wähler. Aber nur Politiker können sich später was dafür kaufen.

Glücklich durch Dummheit ?

Unglaublich, mit welch blauäugiger Bereitwilligkeit der mündige, digitalisierte Durchschnittsbürger die gesamte Kontrolle über sei-

ne Existenz preisgibt. Genauer gesagt: Die Kontrolle über seine Schulden (sein Geld).
Die Zauberformel dazu heißt: Giralgeld, Kreditkarten, Online-Banking und totale Digitalisierung.
Der gewöhnliche, moderne Konsument ist ganz außer sich vor Freude, nicht länger mit Münzen und Banknoten herumfummeln zu müssen. In diesen leeren Köpfen spukt der Traum von der „Abschaffung des Geldes" herum. Eingepflanzt wurde er dort auf geschickte Weise von mächtigen Schuldnern, die nicht länger mit Tilgungen belästigt werden möchten. Die Rede ist im Besonderen vom Staat (der Notenbank), von den Geschäftsbanken und von immer mehr Unternehmen (denken Sie an die „Hotlines" S. 107).
Geld läßt sich aber nicht abschaffen. Stattdessen werden den Gläubigern (das sind Sie und ich!) mehr und mehr die rechtlich verbindlichen Schuldverschreibungen entzogen. Die Banknoten! Noch vor einem Menschenalter war die Lohntüte selbstverständlich. Für gute Arbeit gab es staatlich garantierte Schuldscheine - Bargeld! Überweisungen sind natürlich viel bequemer und „sicherer". Aber Buchgeld (Giralgeld) ist kein gesetzliches Zahlungsmittel! Auch wenn über 90 Prozent aller Zahlungen nicht mehr tatsächlich, sondern

nur noch als Buchungssatz stattfinden. Damit endet aber die wirkliche Kontrolle des Leistungsträgers (das sind Sie!) über seine Schulden.
Obwohl Kontoinhaber (Gläubiger!), ist er zum Bittsteller seiner Bank erniedrigt worden. Ohne Konto keine Arbeit, keine gesellschaftliche Stellung, keine Existenz. Nicht mal der Fronbauer vor tausend Jahren unterlag einer so vollkommenen Willkür. Wurde es dem zu bunt, hängte er seinen Grundherren an die Laterne, schändete die Burgfräuleins und plünderte die Burg. Das Mittelalter ist voll von solchen Aufständen.
Der heutige, mündige Wähler übergibt begeistert seine Leistungsansprüche unberechenbaren Dritten. Sie existieren mittlerweile nur noch virtuell, als Datensatz und sind fast für jedermann einseh- und abrufbar. Gezahlt wird online oder gar per Handy App. „Tschüss Portemonnaie“, lautete PayPal´s dümmlicher Werbeslogan (kürzlich geändert). Er müßte eigentlich heißen: „Tschüss Rechtsanspruch!“ Denn genau wie beim Bankverkehr haben sich die Rechtsverhältnisse, Gläubiger/Schuldner verkehrt. Der Inhaber des Geldes (besser der Forderungen) muß im Ernstfall seinen Anspruch nachweisen oder gar erbetteln und sich demütigen. Der Leistungspflichtige (Bank

oder Staat...) bestimmt nun die Regeln, nach denen er seinem Gläubiger die Leistung sogar vorenthalten kann. Dazu gehört gehört die Nullzinspolitik und besonders die zunehmende Verweigerung des Bargeldverkehrs. Das System existiert überhaupt nur noch, weil wirklich rechtsverbindliche Schuldansprüche (Banknoten) kaum noch vorgelegt werden. Sie sind bei den Banken und Notenbanken nur noch geduldet, weil sie kaum noch eine Rolle spielen. **Weil die Gläubiger (das sind Sie!)**, der dummen Bequemlichkeit wegen, **ihre Forderungen faktisch aufgegeben haben**. Weil Sie ein paar lächerliche bunte Zahlen auf den Bildschirmchen für „Ihr Geld" halten. Schlimmstenfalls (nämlich **gerade jetzt) erhöhen die Notenbanken einfach die „Geldmenge"**, um die uneinbringbaren Schulden wenigstens bilanztechnisch zu decken. **Das aber ist nichts anderes, als die Herstellung von „Falschgeld"! Blättern Sie bitte zurück, „Irrtum Geldmenge" (S.55).**

Diese naive Freiwilligkeit, mit der ganze Völker ihre Leistungen preisgeben, ist historisch tatsächlich neu. Es gibt keine Demonstrationen oder Massenproteste auf den Straßen für das „Grundrecht auf gesetzliche Zahlungsmittel". Politik und Medien schweigen dazu.

Der nächste große Crash wird sie alle in eine Wirklichkeit zurückholen, in der dann wirklich niemand mehr selbstbestimmt existieren kann. Ein – im Wortsinn – verdientes Schicksal.

Die Zukunft des Geldes steht so wenig zur Debatte wie die Zukunft der Schwerkraft oder der Thermodynamik.

Was dringend zur Debatte stehen sollte, sind die gefährlichen Versuche dem „Schuld – System", dem Geld zu entkommen, also die Zukunft der Gläubiger und Schuldner.

Und da sieht´s schlecht aus. Das globale Milgram-Experiment „Corona" zeigt, daß man mit Schwachköpfen wirklich alles machen kann. „Die würden auf Anordnung sogar Schwimmflossen gegen Grippe tragen" (Andreas Rebers).

Schockierend sind nicht allein die Handvoll verbrecherischer Geschäftemacher und die Politiker, die „Stars und Künstler", die für sie auf den Strich gehen. Daß haben diese Figuren schon immer praktiziert.

Zutiefst schockierend und zugleich abstoßend sind die zig Millionen „Gesunder", die auf bloßen Zuruf wie Kranke behandelt werden wollen und jeden ächten und ausliefern, der sich diesem Irrsinn nicht beugen mag.

Wie vollkommen verwahrlost, speziell in „Deutschland" die politische Klasse (und besonders ihre Wähler) sind, beweist allein die Tatsache, daß das offene Präsentieren des Grundgesetzes (!) auf Demonstrationen in Deutschland ebenso zur Verhaftung führen konnte, wie bisher das Zeigen der Hakenkreuzfahne.

Was bedeutet das für die „Zukunft des Geldes", also eigentlich für die Zukunft der Gläubiger und Schuldner?
Was machbar ist, wird auch gemacht. Das ist bei „mündigen Bürgern", die nur noch Verwertungsmasse sind nahezu alles.
Hier mein Ausblick. In weiten Teilen bereits jetzt kein Science - Fiction mehr, sondern Alltag.

Zunächst wird „man" abwarten, bis die letzten „Alten", bei denen noch mit lästigen Hirnfunktionen zu rechnen ist, endlich tot oder weggeimpft sind. Wer ist „man"? Das sind die jetzt bereits existierenden Konglomerate aus Stiftungen, Konzernen, (nicht-) Regierungsorganisationen (a la WEF) und „Forschungseinrichtungen", in denen Regierungschefs oder

Staatsoberhäupter nichts weiter sind als schäbige Drückerkolonnen.

Dann wird der Umlauf von gesetzlichen (einklagbaren) Zahlungsmitteln beseitigt. Das ist bereits im Gange.
Angesichts von demnächst 10, 12, 15 Milliarden Mundschutzträgern, von denen rund zwei Drittel nichts nützliches mehr zum „Dasein" beitragen können, wird jede „Neugeburt" taxiert werden (wie Schlachtvieh) und mit einem Grundkredit ausgestattet. Jene, die lesen können oder sogar so etwas wie eine Schule besucht haben (natürlich nur noch online...), werden höher eingestuft. Sie „dürfen" ihren persönlichen Kontostand auf dem Smartphone mit sich herumtragen. Die niederen Chargen bekommen vorsichtshalber sofort einen Chip eingesetzt.
Alles, auch der kleinste Betrag wird damit bezahlt (eigentlich nur noch gebucht) werden. Außerdem gibt er Auskunft über Standorte, Kontakte, Bewegungsmuster, Blutdruck, Impfungen, Vorladungen zum Arzt und „soziales Wohlverhalten". Es wird die Corona - App sein, nach irgend einem unauffälligen Update.
Asoziale Störer bekommen, wie jetzt schon in China, Punktabzüge. Wer sich mit den falschen Leuten trifft oder für falsche Inhalte

demonstriert oder bei rot über die Straße läuft ist dran. Der Kredit schrumpft, der Zugang zu öffentlichen Plätzen wird beschränkt, Strom und Wasser können dann noch stärker rationiert werden und alle Sozial-Netzteilnehmer werden online über die Geächteten informiert. Der mittleren Kreditklasse droht der Entzug des Smartphones und die degradierende Zwangsimplantierung des Social-Credit-Chips (natürlich CO2 neutral).

Eine Notenbank wird dann überflüssig sein. Um die „intellektuellen Eliten“ dieser Primaten - Gesellschaft bei Laune zu halten, wird man vielleicht den Begriff „Notenbank“ noch beibehalten. Aber es handelt sich eigentlich nur noch um ein riesiges Verteil-Rechenzentrum.

Steuern und Finanzämter gibt es dann auch nicht mehr. Denn freies Unternehmertum existiert nur noch als geduldete „Beschäftigung“ und wird (von der „Notenbank“) mit Kreditpunkten honoriert, wenn die Social - Chip - Community diese ausreichend likt. Genehmigt werden gerne Projekte gegen Haß, Rassismus, Fleischkonsum, Nationalismus und traditionelle Geschlechtererziehung, für CO2 Reduktion oder gewaltfreie, vegane, afroasiatisch-arabisch-norwegische Dschungelcamp - Koch-Fick-Zeigdiemumu- Beiträge. Der große Vor-

teil: Buchhaltung und Bilanzen sind für derlei „Unternehmungen“ unnötig. Gebucht wird zentral über das Social - Credit - System.
Private technische Innovationen, Entwicklung und Produktion sind als asoziale Alleingänge unerwünscht und deshalb in den „Social Corporations“ und Stiftungen zusammengefaßt.
Diese kontrollieren dann auch den Handel und die großen Einkaufszentren, damit die holde Weiblichkeit weiterhin „shoppen“ gehen kann. Daran läßt sich nämlich wirklich nichts ändern. Niemals!
Die Damen werden auch gar nicht merken, daß da eigentlich nicht mehr „gekauft“, sondern nur noch verteilt wird. Denn kalkulierte Preise für bestimmte Artikel (oder Dienstleistungen) gibt´s dann auch nicht mehr. Sondern nur noch eine gigantische Mischkalkulation, die im großen Rechenzentrum festgelegt wird.
Auch die „Geldmenge“ wird dort digital ermittelt und festgelegt. Das ist zwar unmöglich, geschieht aber heute schon in den Zentralbanken (siehe Geldmenge S. 55).
Um den (Geld-) Schein zu wahren, wird es auch weiterhin beleuchtete Einkaufsstraßen und bunte Glasvitrinen geben, für die paar Nostalgiker, die noch nicht 100prozentige Onlinekonsumenten sind. Solche Typen findet man dann auch auf den wenigen Märkten, wo

kleine Bauern ihre selbst angebauten Produkte anbieten. Was eigentlich nicht mehr legal ist (aus hygienischen Gründen...).

Sie finden diesen Ausblick übertrieben?

Auch wer nicht so genau hinsieht, kann den Trend in diese Richtung heute schon erkennen. Einfach nur hinsehen reicht schon. Es ist der Versuch, das natürliche Geld-System durch eine „intelligente“ Umverteilung abzulösen. Der Traum von der Abschaffung des „Kapitalismus“. Nur leider würde selbst die Abschaffung des Kapitalismus auf keinen Fall das „Geld“ abschaffen, sondern nur die Gesellschaftsordnung die das versucht.

Denn ein solches Umverteilungssystem kann nur (vorübergehend) funktionieren, wenn alle Märkte, die naturgemäß von einer Unzahl von Gläubigern und Schuldnern gebildet werden, aufhören zu existieren.

Ein solches System duldet nur einen einzigen Gläubiger (die „Funktionäre“ der schönen neuen Welt, des Social Credit Systems) **und haufenweise Schuldner (Sie und mich),** die auf alle Ansprüche auf Leistung verzichten und brav ihren ffp2 Maulkorb tragen.

Schon jetzt zeichnet sich ab, daß in Zukunft als „Leistung“ immer mehr „politisch korrektes Verhalten“ kreditiert wird und immer weniger

Leistung im ursprünglich-natürlichen Sinn (siehe S. 207 fettgedruckt).
Augenfällig an der ganzen Entwicklung ist, daß ausgerechnet rot - grün - alternative „zurück zur Natur – Ideologen“, die widernatürlichsten Lebensmodelle durchsetzen wollen, mit einem Social-Credit-System als Instrument einer Öko-Gestapo.

Familie, Heimat, Identität, die ältesten natürlichen Werte des Menschen gelten als „rechts“. Also, Kampf gegen „rechts“.
Das Geschlecht war früher mal naturgegeben. Es gilt jetzt als „soziales Konstrukt“. Also Umerziehung durch Kampf gegen traditionelle Geschlechterrollen (…Kampf gegen „rechts“).

Kein seriöser Wissenschaftler wird bestreiten, daß auch das Fleisch in der Ernährung des Menschen zu den natürlichsten und ursprünglichsten Gewohnheiten gehört. Nicht die Prostitution sondern die Jagd ist das älteste Gewerbe der Welt. Danach kamen die Viehhaltung und der Ackerbau. Aber der „Kampf gegen Fleischkonsum“ wird nicht sachlich, sondern rein ideologisch geführt. Die Zukunft der Ernährung? Synthetische, vegane Knabberriegel à la „Soylent Green“ (Science Fiction-Film von 1973, unbedingt ansehen!).

Und soweit es dieses Büchlein betrifft:
Leistung! Der Mensch ist von Anbeginn durch Leistung geprägt. Er definiert sich durch sie. Alles was er schätzt, liebt, erreicht, aufbaut, bewahrt und verteidigt, erreicht er nur durch sie. Kraft und Ansporn zur Leistung erfährt der Mensch seit ein paar tausend Jahren besonders in und aus der Familie. Bis heute sind traditionsreiche Familienunternehmen die langlebigsten, innovativsten und sozialsten Arbeitgeber. Sie schulden und sie leisten! Natürlicher geht es nicht, soweit Menschen natürlich sein können.
Also weg damit. Stattdessen, das bedingungslose Grundeinkommen, das ja faktisch bereits für immer mehr Menschen Realität wird. Zusätzlich die ideologische Auflösung der Familie in geschlechtsneutrale Patchwork Existenzen, deren Leben in ein Smartphone paßt.

Wer heute in Deutschland über 60 ist, hat noch wirklich gute Jahre erlebt. In einer Gesellschaftsordnung die vielleicht nicht perfekt, aber es wert war, geschützt und bewahrt zu werden. Das alles wird gerade fortgeworfen. Von „mündigen Bürgern", die tun, was ihnen gesagt wird, die nichts zu verbergen haben, weil sie über keinerlei Werte mehr verfügen und die sich danach verzehren, wie „Kranke“ bevormundet zu werden. Vielleicht zu recht…

Die gute Nachricht: Das Geld/Schuldsystem wird bleiben. Und es wird in ferner Zukunft wieder Kulturen begründen, die damit umgehen können. Was die dann aus der Urschuld machen werden, bleibt deren Kreativität überlassen. Schuldgeld, Vollgeld, Goldmünzen, Regionalgeld, Warenwährung, Gutscheine, mit oder ohne Zentralbanken, - denen wird schon etwas einfallen.
So wie uns, - früher einmal…

SPRÜCHE MIT „GELD“

Damit dieses Büchlein etwas versöhnlich ausklingt, zum Schluß allseits bekannte Sprüche zum Geld. Gehört haben Sie die bestimmt schon mal, aber jetzt, nach über 200 solcher Seiten lesen die sich vielleicht etwas anders...

Zeit ist Geld.
Der Schuldzins erklärt sich eben nicht nur aus dem bloßen Ablaufen von Zeit, in welcher der Gläubiger selbst weiterleben muß. Das „Wunder“, ferne Zukunftsträume sofort wahr werden zu lassen, heißt „Geld“. Der Kredit für das Eigenheim erspart 30 Jahre warten. Die Summe steht für den Zeitsprung von einer Generation. Zeit ist Geld.

Geld regiert die Welt.
Genau. Es sind die Schuldverhältnisse, die uns regieren. „Regieren“ heißt an sich nichts anderes als bestimmte Tilgungen, die Schuldendienste durchzusetzen.
In den Parlamenten, den Schaltstellen der Macht, wird vor allem über eines debattiert und gestritten: Geld.
In diesen Parlamenten sitzen traditionell Kaufleute, Grundbesitzer, Industrielle oder Banki-

ers. In den meisten bedeutenden Ländern ist das so geblieben.
Nur die Deutschen setzen mehrheitlich (seit 1848) romantische Spinner dorthin. Lehrer, Ärzte, Rechtsanwälte, Journalisten, Postkartenmaler, Baerböcke...

Geld macht nicht glücklich, aber es beruhigt.
Schöner Spruch. Es sind tatsächlich die Schuldverpflichtungen anderer, die uns etwas Ruhe und Sicherheit geben.
Wenn sie pünktlich erfüllt werden, gibt das eine gewisse Zufriedenheit. Wer dabei aber ekstatische Glücksgefühle erlebt, sollte sich mal einem Spezialisten anvertrauen.

Die besten Dinge im Leben sind nicht die, die man für Geld bekommt.
Küchenphilosophie. Aber wie wahr. Liebe, Gesundheit, gute Freunde, einen Parkplatz im richtigen Moment, - das sind Dinge, die kein Schuldendienst liefern kann.

Bei Geld hört die Freundschaft auf.
Eigentlich sollte es ja genau umgekehrt sein. Dieser Spruch läßt durchblicken, daß es bei Schuldverhältnissen um Existenzfragen geht. Um Sein oder Nichtsein. Die Naturgesetzlich-

keit von Schulden (Geld) ist häufig stärker als die stärkste Freundschaft.
Geld ist ein guter Prüfstein, für beide Seiten!

Mit Geld spielt man nicht.

Vielen ist gar nicht klar, warum es provozierend ist mit Geld zu spielen. Es stört sie, aber sie wissen nicht so recht warum.
Ideologen halten den Spruch für einen Ausdruck schnöder, kapitalistischer Mammonverehrung. Naja, Ideologen mögen es gern einfach. Der Fall liegt komplexer.
Sicher ahnen Sie schon den tieferen Sinn des Spruches.
Geld ist eine Leistungszusage, ein Versprechen. Figuren, die mit so was herumspielen, sind potentielle Wortbrecher. Niemand braucht das. Auch das Verbrennen eines Geldscheines gilt als „Sakrileg". Es ist ein symbolischer Akt der Verachtung von Leistungen Dritter, - so etwas wie Null-Zins-Politik!
Interessanterweise spüren noch einige Menschen instinktiv, daß beim „Geld verbrennen" etwas frevelhaftes, unwürdiges abläuft.
Tatsächlich verbrennt in diesem Augenblick nicht nur die Vorleistung eines Anderen, sondern ganz konkret auch ein Stück Substanz vom Inhaber des Papiers selbst.

Ich lasse mein Geld arbeiten.
Geld arbeitet tatsächlich. Weil es Schuldverhältnisse sind, die ohne Leistung nicht zu Stande kommen. Ein Haufen Schulden vermehrt sich selbst, durch bloßes Herumliegen. Allein durch die Leistungszusagen, die hinter ihm stehen. Während die Zeit läuft, wachsen die Ansprüche (Zinsen) der Gläubiger automatisch mit. Entweder Sie schulden Geld, dann wächst die Schuld immer weiter - oder Sie haben Geld, dann wachsen die Schulden der Anderen. Aber, Achtung: Ohne Zinsen hört das „Arbeiten des Geldes“ auf. Die Währung verfault im Wortsinn! Wie zur Zeit der Euro.

Nur Bares ist Wahres.
Sehr wahr. Den Spruch können Sie sich übers Bett hängen. Solange die Notenbank den Mut und die Zuversicht hat Schuldscheine (Banknoten) zu emittieren, muß bei Vorlage auch geleistet werden. Ist die Banknote einmal ausgegeben, gibt es (offiziell) kein Zurück mehr. Ein wahrer Alptraum für die EZB, die eine hoffnungslos überschuldete Währung hält. Obendrein löst sich nun noch die Haftungsgemeinschaft auf. Griechenland kann nicht leisten, Portugal keucht und auch Italien pfeift auf dem vorletzten Loch. England, das zwar

nicht direkt zur Euro-Haftungsmasse gehört, versetzte allein durch seinen „Brexit" dem Währungssystem einen gewaltigen, zusätzlichen Schlag. Unter diesem Gesichtspunkt betrachten Sie bitte die Bemühungen der Notenbanken, das Bare, das Wahre, nach und nach den Gläubigern (uns allen…) zu entziehen.

Geld verdirbt den Charakter.
Vergessen Sie´s. Der Spruch kann nur von einem Ideologen kommen. Man könnte auch das Gegenteil behaupten, das wäre dann genau so falsch oder richtig.

Geld stinkt nicht.
Unfug! Geld stinkt mitunter gewaltig. Aber die Neigung sich die Nase zuzuhalten, nimmt mit der Höhe der Einnahmen zu.
Der Staat nennt solche Einnahmen gern Schwarzgeld. Dabei ist es gerade er, der von Anfang an seine „Geschäfte" mit der Gasmaske betreiben muß, um nicht im Gestank umzukommen. Er bleibt der größte Steuerhinterzieher im Land. Die zwei „Corona - Jahre" sind nur das letzte, aktuelle Exempel dafür, wie völlig schmerzfrei die Riechorgane dieser Gauner sind.
Es ist nicht immer leicht, ich weiß. Aber wenigstens Sie und ich, sollten auch im Geld-

verkehr auf eine Mund – Nase – Bedeckung verzichten.

DAS ALSO IST GELD. UND JETZT ?

Tja, das ist Geschmacksache. Sie können versuchen das Ganze mit ein paar Schnäpsen runterzuspülen. Sie können sich einreden, daß die Erde doch eine Scheibe ist. Vielleicht sollten Sie einfach weiter machen, als sei nichts geschehen.
Den Plan, als weiser Einsiedler eine Höhle zu beziehen und dem Geld zu entsagen, müssen Sie jetzt allerdings aufgeben. Vergessen Sie´s. Dem Geld entkommen Sie erst durch ordnungsgemäßes Wegsterben.
Sie könnten auch in Ihrem Dorf selbst Schuldscheine ausgeben und eine eigene Währung emittieren. Das gibt es längst und funktioniert manchmal sogar. Solche Währungen werden dereinst, nach der Abschaffung des Bargeldes (als „Schwarzgeld") ganz sicher explodieren. Sehen Sie einfach nach: „Regionalgeld" oder „lokale Währungen". Das Internet ist ja so nützlich...

Vielleicht werden Sie einen Geldschein jetzt mit anderen Augen ansehen. Das wäre nicht nur für mich eine Bereicherung!
Sie halten eine Schuldverschreibung in der Hand, für die sich viele vor Ihnen krumm gemacht haben. Die haben etwas riskiert, haben

Schuldendienste geleistet, sind in Vorleistung getreten und haben offensichtlich ihre Forderungen durchgesetzt.
Sonst hätten Sie jetzt diese Banknote nicht in der Hand. Sonst würden Sie dafür keinen Fleischgang mit Gemüsebeilage und Pils kaufen können...

Hinterfragen Sie die Glaubwürdigkeit der gewöhnlichen Wirtschaftswissenschaften (soweit die sich nicht schon selbst erledigt haben…) und auch alle landläufigen Ansätze zur Kapitalismuskritik a la „…das Geld ist unser Unglück, Geld ohne Zinsen gleichmäßig verteilen, Geld abschaffen, Geld verdirbt den Menschen, Geld ist ein Mysterium…"- vergessen Sie´s bitte mal - und prüfen Sie das Ganze neu.

Es lohnt sich auch einer anderen Spur zu folgen, die bedauerlicherweise nicht ernst genug genommen wird: Geld als Ersatz für Religion!
Nicht in dem Sinne, daß Geld reine Glaubenssache ist und nur durch Glauben existiert. Vergessen Sie das ganz schnell. Geld, also Schulden, sind knallharte Realitäten die mit oder ohne Glauben ewigen Bestand haben.
Hier geht es um etwas ganz anderes. Seit den bürgerlichen Revolutionen und der Säkulari-

sierung (vor ca. 250 Jahren) scheint Geld an die Stelle von „Gott" gerückt zu sein.
Geld (Schuldendienst) war bis dahin, im Wesentlichen, nur Mittel zum Zweck. Der Zweck war Leben, Arbeit, Sicherheit, Krieg, Kultur und natürlich Gott... .
Mittlerweile ist Geld reiner gesellschaftlicher Selbstzweck. Die Anhäufung von Schuldverhältnissen, deren Verwaltung, Durchsetzung und Konsum, ist schon alles, was die westliche Wertegemeinschaft ihren Kindern zu vererben hat.

Das nimmt so kranke Züge an (Kapitel Wachstum), daß der kleinere Teil der Welt zu Konsumidioten verwahrlost und der Andere (weit größere) wie Nutzvieh auf Äckern und in verdreckten, gefährlichen Fabriken schuftet.
Die Folgen sind bekannt. Ganze Völkerscharen flüchten aus diesen Verhältnissen in das fette, dumme Europa. Die meisten davon sind entschlossen gleichfalls Konsumidioten zu werden.
Nicht wenige jedoch sind bereit, hier vor Ort die „blöde, gewaltbereite Geld-Religion" mit Feuer und Schwert zu stürzen, um sie durch irgendeinen blöden, gewaltbereiten Propheten zu ersetzen.

Wie schwierig wird das wohl sein? Mit einer Gesellschaft, die wegen einer „Grippe“ ein paar kriminellen Umverteilern ihre Wirtschaftsordnung, Wissenschaft, Menschenrechte, Selbstachtung und ein paar tausend Jahre abendländischer Kultur vor die Füße wirft!

Am Ende aber werden auch die Umverteiler oder Allah, Jahve, Buddah & Co feststellen, wer hier auf Erden wirklich die Hosen an hat: Das Geld! Die Umverteiler, ja selbst die Götter wechseln, das Schuldverhältnis ist ewig – und selbst die Götter haben Schulden!

Kurz vor Schluß verabfolge ich Ihnen noch ein kleines Freudsches Bonmot.
Sie erinnern sich? Im Kapitel „FASZINATION GELD“ wunderten wir uns, warum alte, längst aus dem Verkehr gezogene Banknoten sich solch zärtlicher Hingabe durch Sammler erfreuen, während aktuelle, „wertvolle“ Scheine ziemlich rabiat behandelt werden.
Ich möchte Ihnen jetzt, nach rund 200 Seiten eine Theorie dazu anbieten:
Schulden sind etwas bedrückendes, besonders wenn sie ganz und gar unausweichlich sind. Der gültige Geldschein erinnert uns daran ohnmächtig und ausgeliefert zu sein. Selbst

wenn es der Eigene ist, repräsentiert er ein System, in dem wir nur Objekt sind. In dem wir nicht agieren, sondern nur reagieren können. Ganz tief im Unterbewußtsein lassen wir das die Geldscheine büßen.
Die alte Banknote hingegen wird liebevoll ins Album geklebt. Denn sie ist von der Aura der „Erlösung" umgeben. Das ist keine religiöse oder esoterische Verklärung.
Sie **steht für erloschene Schuld**. Für etwas, das in unserer Lebenswirklichkeit nicht existiert.
Alte Banknoten verkörpern den jenseitigen Traum von Unschuld. Sie sind sowohl metaphysisch als auch buchhalterisch, tatsächlich unschuldig geworden.
So wie wir, falls wir mal liebevoll ins Album geklebt werden...

Verwendete Literatur (Auszug)

Bundesbank, Geld und Geldpolitik, Frankfurt 2012.

Bundeszentrale für politische Bildung, Internetseite.

Milton Friedman, Kapitalismus und Freiheit, Wien 1984.

Paul Grignon, Money as Dept Doku. Video.

Larry Hannigan, Gib mir die Welt plus 5%, The Earth + 5%, 1971.

Gunnar Heinsohn, Otto Steiger, Eigentum, Zins und Geld, Hamburg 1996.

Bernhard Laum, Heiliges Geld, Berlin 2006.

Dagobert Lindlau, Der Mob, München 1989.

Paul C. Martin, Wann kommt der Staatsbankrott, München 1983.

Karl Marx, Das Kapital, Hamburg 1867.

Gilbert / Colette Charles - Picard, Karthago, Stuttgart 1983.

Thorsten Polleit / Michael von Prollius, Geldreform, Grevenbroich 2010.

Jean - Jacques Rousseau, Staat und Gesellschaft, Contrat Social, Ausgabe München 1959.

Adam Smith, Der Wohlstand der Nationen, München dtv 1982.

Oswald Spengler, Der Untergang des Abendlandes, München, C. H. Beck 1923.

Barbara Tuchman, Der ferne Spiegel, München dtv 1982.

Max Weber, Schriften zur Soziologie, Stuttgart 1995.

Bernhard A. Lietaer, Das Geld der Zukunft, München 2002.

Der Autor

Peter Urbansky, 1960 in Bielefeld dem Schuldsystem ausgeliefert, kaufmännische Lehre, wandte sich während seines Studiums (Geschichte) dem schnöden Mammon zu.

12 Jahre Offshore- und Treuhandgeschäfte über den Finanzplatz London.

Lebt jetzt als freier Autor und Honorardozent in Spanien.

Besuchen Sie den Telegramkanal von
Peter Urbansky auf Ibiza
Urban- (Stadt) Sky- (Himmel)

https://t.me/ibizastadthimmel

Peter Urbansky, 33699 Bielefeld, Oelkerstraße 15